KB088972

나는 행복한 내과 의사입니다

Copyright ⓒ 2021, 이정호
이 책은 한국경제신문*i* 가 발행한 것으로
본사의 허락없이 이 책의 일부 또는 전체를 복사하거나 무단전재하는 행위를 금합니다.

나는 행복한 내과 의사입니다

이정호 지음

한국경제신문 *i*

서문

　아름답게 빛날 여러분의 삶에 크고 작은 문제들이 발목을 잡는 시대다. 급변하는 세계 정세, 홍수처럼 쏟아지는 정보, 예상치 못했던 질병, 곤두박질치는 경제, 어느 것 하나 쉬운 것이 없다. 이러한 세상에 지극히 평범한 내과 의사의 삶에 대한 책이 출간되었다. 왜 이런 어려움과 혼란 가운데 나왔을까? 이 책이 읽으시는 분들께 작게나마 도움을 드리기 위해서다.

　우리는 자녀들에게 어떤 꿈을 물려줄 것인가? 평범한 자녀를 어떻게 이해하고 양육해야 하는가? 성적이 좋지 않은 우리 자녀를 어떻게 공부시켜야 성공한 삶으로 이끌고 의사를 만들 수 있을까? 의사가 된다면 다양한 삶의 고뇌들을 겪으면서도, 한 사람의 전문의로서 어떻게 즐거운 마음으로 지낼 수 있을까? 의사가 되면 환자를 진료하며 애환을 느끼고 견디기 어려운 터널을 통과해야 한다. 이러한 경우, 나는 어떻게 할 것인가? 대의란 무엇인가? 의사가 살아가는 어려움은 어떤 것이 있으며, 어떻게 해야 우리의 삶과 우리나라가 견고한 나라가 될 것인가? 의사의 삶을 거울삼아 우리의 삶을 어떻게 하면 행복하고 풍요롭게 할 것인지 계획할 수 있길 바란다.

세상은 급속도로 발전에 발전을 거듭하고 있다. 개인당 소득이 늘어나고 있고, 예전에 비해 우리는 꿈속에 그리던 것들을 소유할 수 있게 되었다. 다 쓰러져가던 집에서 대궐 같은 아파트와 집, 좋은 자동차 등 가진 것이 너무나 많다. 그런데 우리는 그만큼 행복해졌는가? 이전에는 자살하는 사람이 흔하지 않았는데, 지금은 자살이 많아졌다. 우리나라가 세계 10대 경제 대국이 되었다고 하지만, 자살률은 OECD 국가 중 1위다. 무엇이 발전인가?

방글라데시는 세계에서 가장 가난한 나라인데도 행복지수는 1위다. 우리나라는 예전에 가장 한 사람이 벌어도 한 가족이 살아갈 수가 있었다. 그런데 지금은 어떤가? 부부가 맞벌이를 해도 아파트 한 칸 마련하거나 전세 비용 인상을 따라갈 수가 없다. 국민 소득이 많이 높아졌다는데 국민 실질 소득이 높아졌다고 할 수 있을까? 옛날에는 자녀 다섯 명을 낳아 행복하게 잘 키운 집안이 많았다. 그러나 보금자리를 가질 수가 없어서 결혼할 수가 없고, 자녀를 한 명을 낳아도 키울 수가 없어서 못 낳는다고 한다. 따라서 인구가 감소하고 나라가 멸망을 향해 달려가고 있다.

우리나라는 문맹자가 없고 세계적으로 대학 졸업자가 가장 많은 나라 중의 하나가 될 정도로 교육열이 높아졌다. 그러나 교육의 목표인 빛과 소금이 되려는 사람은 귀하고 나만 잘 먹고 잘살려는 사람은 많아졌다. 정치 지도자들은 국회의원의 특권을 없애겠다고 공약하고, 코로나19로 고통받는 국민 내지는 서민과 고통을 나누겠다 하면서 자신들의 세비를 깎기는커녕 도리어 세비를 인상하는 어처구니없는 짓을 한다.

기업은 회장부터 말단 사원까지 모두 부수입을 올리는 데 혈안이 되어 있다. IMF 관리 시절에 1,000% 빚을 국민의 세금으로 다 갚아주었으나 금세 몇백 %의 빚을 갖고 적자를 낸 회사에서 보너스를 챙기는 기막힌 일을 하고 있다. 우리는 거짓말 잘하고 감각이 없는 가짜 대표들을 왜 뽑았는가? 예전 임기 중에 공약을 무시하고 불성실하게 정치한 것을 보고 속지 않아야 한다. 재선 삼선으로 왜 투표해주는지 이해할 수가 없다. 우리는 이런 정치인들과 기업인, 그리고 직장인들을 어떻게 명명해야 할지 모르겠다. 서점에 가보면 성공하는 법, 바른 인간이 되는 방법에 대한 책이나 교육에 대한 비법을 말하는 책이 홍수처럼 쏟아진다. 그런데 지도자라는 분들은 왜 우리를 더욱 살기 어렵게 만들까?

우리는 어떨 때 행복한가? 자녀들을 키우는 가정의 분위기는 어떠

해야 하는가? 교육에 가장 큰 영향을 끼치는 것은 어떤 것들이 있을까? 이 평범한 의사가 성공했다는 것은 무엇을 의미하는가? 인간관계는 어떻게 해야 하는가? 정치인들과 교육 당국자들은 어떠한 태도로 국민을 위해 봉사해야 할 것인가? 돈을 많이 들여야 바르고 성공적인 교육을 할 수 있는가? 정치를 바르게 해서 견고한 나라, 기회 균등하고 희망이 가득한 행복한 나라를 만들기 위해 우리는 어떻게 해야 할 것인가?

이 책은 자녀 교육과 바른 정치를 위해 누가 어떤 태도를 취해야 할 것이고, 어떻게 투표해야 할 것인지 알려줄 것이다. 그리고 삶의 전반적인 문제를 해결하는 데 큰 도움이 될 것으로 확신한다. 지도자들은 이 책에서 국민의 절규를 듣고 진정한 대표로서 봉사할 방향을 알아보길 바란다.

이정호

차례

#CONTENTS

1장

나는
꿈꾸는
의사다

피 끓는
민초들의 꿈

'인류의 미래에 대해 생각해본 적이 있는가?' 이제 우리와 후손들의 미래가 걸려 있는 국가의 미래를 나의 일로 깊이 생각해볼 때가 왔다. 나는 부산에서 태어나 6년을 살고, 호남에서 18년, 서울에서 44년간 의사 생활을 했던 내과 의사다. 6·25 동족 상잔 중에 태어나서 그런지 우리나라의 운명에 대해 어릴 때부터 관심이 깊었다.

역사는 한번 잘못되면 끝이 없이 꼬인다. 을사늑약으로 우리의 외교권을 빼앗은 일본은 만주에서의 철도 부설권 등과 교환하는 조건으로 동간도를 청나라 영토로 인정하는 간도 협약을 맺었다. 이후 압록강에서 백두산 천지를 둘로 나누고, 두만강에 이르는 국경을 정해서 우리 영토가 지금의 한반도로 축소되었다. 그런데 그 축소된 것마저도 둘로 나뉘어 미국과 중국의 눈치를 봐야 한다. 미국과 중국의 태도에 따라서 우리의 운명이 어떻게 달라졌는지 분명하게 보았다. 미국의 의사에 따라 사드(THAAD, 고고도 미사일 방어체계)를 도입하니 중국의 보복으로 거대기업 이마트와 롯데마트가 문을 닫고 철수하는 아픔이 있었다. 스위스처럼 영세 중립국이 되어 미국, 중국과 동시에 우호관계를 가져서 한반도에 평화가 임하길 바란다. 친미와 친중으로 편을 가르면 자신과 우리나라를 망치는 길이다. 남북이 어떠한 모양이라도 하나가 되어 '한반도 중립화'를 이루는 것이 가장 중요한 해결책이다. 자원이 풍부한 견고한 나라가 되는 것도 꿈이다.

미래는 꿈꾸는 자의 것이다. 꿈이 있는 백성은 흥하고 꿈이 없는 백성은 망한다. 우리나라가 일본의 속국이 되었던 것은 지도자들이 꿈꾸지 않고 이권만 챙기며 파쟁을 일삼았기 때문이다. 우리가 역사적으로 어려움을 겪는 것은 근세에 우리 조상들이 나라가 잘되게 해 더불어 잘살겠다는 생각 없이 우리 정파만 권력을 잡고 잘살면 된다는 수구들이 권력을 장악하고 있었기 때문이다. 대표적으로, 1590년에 일본에 파견된 정사 서인 황윤길과 부사 동인 김성일 통신사의 보고에서 적나라하게 나타난다. 황윤길은 일본이 반드시 침범할 것이라고 했고, 김성일은 일본이 전혀 침략할 만한 움직임이 없다고 보고해 임진왜란을 맞게 되었다. 그 후에도 다시 일본의 침입을 받아 35년간 속국으로 기막힌 억압을 받게 된 것이다.

지금도 정치인들이 자신들의 당선을 위해 '국민을 편 가르기' 하고 있다. 좌익과 우익 및 지역감정을 일으키기 위해 없는 일까지 지어서 확대 재생산한다. 그래서 일부 몰지각한 소인배들이 앞장서서 아무 생각이 없이 '우리 편은 무조건 맞고 상대방은 틀리다'며 집단행동을 한다. 대표적인 예는 검찰 개혁을 막고 있는 자들이다. "모든 국민은 법 앞에 평등하다"는 헌법을 모르는 것 같다. 자신에게는 전혀 피해가 없는 공수처법(고위공직자범죄수사처)을 방해하고 있다. 공수처 설치는 2002년 대통령 선거에서 여당 후보인 노무현 후보와 야당 후보였던 이회창 후보 모두 공수처 설치를 공약으로 내세웠고, 2017년 문재인 대통령의 대선 공약으로 제시된 것인지 아는가? 반대 데모에 동원된 자들은 고위공직자도, 검사도 아니다. 참 한심하다.

언젠가 우리 조국의 과거를 살펴보고 미래를 꿈꾸기 위해 중국 상해에 있는 임시정부 청사의 유적지에 가보았다. 다행히 날씨가 맑고 청명한 날에 방문하게 되었다. 날씨가 맑은 것도 의미가 있을 것이다. 밝은 미래를 꿈꾸라는 의미인 것으로 생각된다. 도로 옆의 임시정부 청사 입구에는 대한민국 임시정부 유적지라는 안내판이 걸려 있었다. 일본에서 독립하기 위한 꿈이 이곳에서 시작된 것이다. 대한민국 임시정부는 1919년 3·1운동 이후 조선의 애국지사들이 상해에서 설립한 항일 독립운동 본부다. 1919년 4월에 유럽과 러시아 등에서 활동하던 사람들이 상해에 모여 대한민국 임시정부를 설립했고, 처음으로 국호를 '대한민국'이라 했으며, 민주공화제를 선포했다. 1층 내부로 들어서면 좁은 공간에 의자가 몇 십 개 놓여 있고, 그 앞에 걸린 TV로 임시정부의 역사 관련 영상

자료를 6~7분 정도 본다. 그 후 건물 좌측 골목의 우측 빨간 벽돌 건물로 들어가서 임시정부 청사 내부를 관람한다.

청사 내부에 들어서면 이승만 박사 등 임시정부 당시의 요인들 사진과 태극기가 걸려 있으며, 안으로 들어가면 내부 생활 공간과 집무실, 그리고 방마다 당시의 사진들이 많이 걸려 있는데, 3층까지 둘러보고 돌아 나오게 된다. 마당로 포경리 4호에 자리 잡고 있는 임시정부 소재지는 한 채의 3층 건물로서, 일명 대양관이라고도 불리며 대외로는 고려 교민사무소라고 불렸다. 이는 하나의 엄밀한 조직으로서 국무총리는 이승완이 담임했고, 정의원 원장은 이동녕이 담임했다. 이 조직하에 군무부, 외무부, 내무부, 법무부, 재무부, 교통부, 로동부 등 일곱 개의 부와 '대한교민단' 등 비밀조직이 있었고, 김구 선생이 경무 총장을 담임했다. 각 부의 지점은 모두 프랑스 조계지 안에 자리 잡고 있었다. 임시정부의 중요한 활동은 홍커우 공원에서 윤봉길 의사의 폭탄투척 사건 이외에도 이봉창 의사를 일본 동경에 파견해 일본 천황을 암살할 계획도 있었다. 그들은 중공 지하당과 연계를 갖고 있었다. 1932년 4월 29일 홍커우 공원에서 윤봉길 의사의 폭탄 투척 사건 이후, 일본군의 탄압하에 절강성 가흥시로 옮겨가게 되었다.

윤봉길 의사는 형무소에서 "아직은 우리가 힘이 약해 외세의 지배를 면치 못하고 있지만, 세계 대세에 의해 나라의 독립은 머지않아 꼭 실현되리라 믿어 마지않으며 대한 남아로서 할 일을 하고 미련 없이 떠나오"라고 유언을 남겼고, 자필 유언서에는 "고향에 계신 부모 형제 동포여! 더 살고 싶은 것이 인정입니다. 그러나 죽음을 택해야 할 오직 한 번의 가장 좋은 기회를 포착했습니다. 백 년을 살기보다 조국의 영광을 지키는 이 기회를 택했습니다. 안녕히 안녕히들 계십시오"라고 쓰여 있었다고 한다. 그의 유언은 우리에게 큰 감동을 준다.

1919년 4월 13일 수립된 대한민국 임시정부는 1932년 상하이 홍커우 공원에서의 윤봉길 의사 의거 이후 일본군의 압박이 심해지자 항주, 가흥, 진강, 장사, 광주, 유주, 기강을 거쳐 1940년 충칭에 이르기까지 1만 3,000리의 피난길에 올라야 했다. 2007년 11월 30일, 대한민국 임시정부 항저우 청사가 복원되어 개관 기념식을 가졌다. 임시정부 항저우 청사는 상하이와 충칭 청사에 이어 세 번째로 복원되었다. 의병이나 독립군이 일제와 무력항쟁을 벌일 적에 가장 절실하게 소망했던 것은 '교전 당사국의 인정'이었다. 우리나라는 일제와 싸움 한번 해보지 못하고 나라의 주권을 넘겨주었다. 전쟁도발국의 선전포고도 없었던 것이요, 의병이나 독립군은 일본 국내법에 의해 폭도로 다루어졌다.

의병과 독립군은 포로 문제 등 국제법이 규정한 최소한의 보호를 열망했다. 교전 당사국으로 인정해줄 것을 국제적으로 호소했으나 '국내에서 일정 기간 일정 지역을 점령해 전쟁을 수행'하는 등의 요건을 들어 번번이 거절당해왔다. 이런 현실에서 홍범도의 활동상은 바로 교전 당사국 인정에 하나의 사례로 제시된 중요한 활동이었다. 의병에서 곧바로 독립군이 된 경우다. 그의 군사 활동은 우리의 의병과 독립군 역사상 가장 장기간에 걸쳐 가장 큰 전과를 올린 경우에 해당된다. 홍범도는 봉오동과 어랑촌의 항일전쟁에서 일대 승리를 거둬 민족사의 영웅으로 부상했다. 홍범도는 가난한 아버지 홍윤식의 아들로 태어났다. 그의 어머니는 산고로 죽어 그의 아버지가 어린애를 안고 집마다 다니면서 동네 젖을 먹여 키웠다. 그가 아홉 살 때, 그의 아버지마저 죽었다.

〈홍범도 일지〉에 의하면 홍범도와 김수협 두 사람은 의병을 거느리고 안변 석왕사를 거쳐 철원 보개산으로 진출했다. 마침 그곳에서 남쪽에서 올라온 유인석 의병부대 100여 명을 만났다. 여기에서 일본군에 맞서 전투를 벌였으나, 완전히 실패를 하게 된다. 의병들은 모조리 무기를 버리고 달아났고 김수협이 전사하고 말았다. 홍범도는 덕원읍에 탐관오리인 좌수 전성준에게서 8,480원을 빼앗고 그를 끌어내 교외에서 처단했다. 또 평안도 양덕으로 도피한 뒤 일본인, 친일파, 부정한 벼슬아치와 부호를 찾아내 처단하고 재산을 빼앗아 나누어 3년 동안 단독으로 떠돌이 의적 생활을 한 것이다. 그가 북청으로 와서 수렵을 할 때, 아내 이옥녀를 7년 만에 다시 만나게 되었다. 이옥녀는 그의 7세 된 아들을 기르고 있었다. 그는 7년 동안의 떠돌이 생활을 끝내고 가정을 꾸려 7년 동안 살면서 둘째 아들도 두었다. 1904년 러일전쟁이 일어나자 반일 투쟁의 물결이 크게 일었다. 홍범도는 포수조직인 엽인계(獵人契)의 대장인 포연대장(捕捐隊長)으로 추대되어, 함경감영에 끝까지 맞서 과중한 납세를 줄이는 데 성공했다. 포수의 우두머리가 되기까지 그는 이 땅의 하층민에게 가해지는 모든 압제와 굴레를 겪었다. 홍범도는 봉오동전투에서 대승리를 거두었다.

1919년, 독립운동은 새로운 정세를 맞이했다. 국내의 3·1운동에 힘입어 각지에서 독립운동단체들이 재정비되거나 새로이 조직되었다. 북간도에서도 용정과 훈춘에서 만세 시위가 일어나고, 장백현에서는 천도교도들이 일본 헌병대를 습격했다. 홍범도는 안도현 명월진에서 종래의 의병과 포수 4,000여 명을 모아 대한독립군을 정식 창설하고 사령관으로 추대되었다. 그는 독립군을 이끌고 혜산진과 갑산의 일본군 및 경찰관서를 공격했고 독군부(督軍府)의 독립군과 연합해 북로 제1군사령부의 사령관이 되었다. 홍범도 부대의 활약에 일본군의 자존심은 여지없이 짓밟혔다. 당시 독립군은 400여 명, 일본군은 남양수비대 병력 등 300여 명이었다. 1920년 6월 7일, 봉오동 골짜기에서 홍범도 군의 대승으로 끝이 났다. 적 사살 157명, 중상 200여 명의 전과를 올렸는데, 아군은 불과 15~16명의 전사자만을 냈다.

봉오동전투 이후 북로군정서 사령관 김좌진, 독군부 사령관 홍범도는 일본군의 공격에 합동작전을 벌이기로 합의했다. 이때 독립군 총병력은 1,950명, 일본군 총병력은 7,000여 명이었다. 1920년 10월 21일, 백운평(白雲坪)전투를 시작으로 청산리와 어랑촌 일대에서 치열한 전투가 벌어졌다. 소수의 독립군은 뛰어난 전술로 막강한 화기를 지닌 일본군을 농락했다. 6일간의 전투 끝에 일본군이 패주하고 말았는데 일본군의 피해는 연대장 한 명, 대대장 두 명을 포함, 전사자 1,254명이었으며 부상자를 합하면 인명 피해가 3,000여 명에 이르렀다. 독립군의 전사자는 200여 명으로 집계되었다. 역사에서 말하는 청산리전투인데, 홍범도와 그가 이끄는 독립군이 주도적 역할을 했다는 평가를 받는다. 그 뒤 이 독립군부대는 일제의 대공세를 피해 소련·만주 국경지대인 밀산현으로 이동했다. 이곳에서 새로이 단일조직인 대한독립군단이 결성되었을 때 그는 김좌진과 함께 부총재를 맡았다. 1937년, 스탈린은 연해주 일대에 있는 조선인을 모두 카자흐스탄으로 강제 이주시켰다. 홍범도도 그곳으로 이주해 소비에트 정부로부터 연금을 받으며 재혼한 아내와 함께 여생을 꾸려나갔다.

한반도가 '평화지대'로 변하는 것이 우리나라와 전 세계를 위한 중요한 과제다. 이의 해결 방법은 미국과 중국을 동시에 우방으로 만드는 '한반도 중립화'다. 자신들의 욕심과 당파의 이익만을 앞세운 수구들에 의해 국가는 때마다 어려움을 겪었다. 그들은 나라의 흥망에 관심이 없고 자신의 당선만을 위해 국민을 분열시키는 자들이다. 적의 침범을 앞두고도 거짓 보고를 해서 자신들의 이익을 추구했다. 이제 그런 자들은 우리나라에 발 붙이지 못하게 해야 한다. 꿈을 꾸는 자들은 불가능한 상황을 보지 않고 나라를 위해 자신과 가족을 희생해가면서 불꽃처럼 살아왔다. 우리는 독립운동사에서 그분들의 숭고한 헌신을 보고 깨달아야 한다. 우리나라가 나라를 위해 헌신하신 분들을 높이 예우하는 나라로 변화하기를 바란다.

나그네 길에서
너는 무엇을 했는가?

　미래는 꿈꾸는 자의 것이다. 꿈이 없는 사람에게 어떻게 미래가 있겠는가? 집값은 하늘 모르게 치솟고 살던 집은 전세를 한 번에 수억 원씩 올려달라고 한다. 그렇지 않아도 힘들다는 취업의 문은 코로나19로 인해 꽉 막히고 말았다. 실직, 자살 등 안 좋은 소식이 이어지고, 어디를 보아도 어두운 소식만이 들려온다. 오늘따라 유난히 높고 푸른 하늘에는 그림을 그려놓은 듯 구름 몇 점이 두둥실 떠 있다. 밤하늘의 쏟아질 듯한 별들이 나의 품에 안겨온다. 낮의 하늘은 나에게 마음껏 꿈을 그리라고 한다. 밤에는 나에게 별들을 가지라고 한다.

　1945년 8월 15일, 수많은 독립운동가들과 가족들의 희생으로 꿈에도 그리던 민족해방을 맞이했다. 해방 후 김구 선생 등 중국에서 독립운동을 하던 분들이 입국했다. 이들은 신탁통치를 반대하고 하나의 나라를 만들기를 원했다. 또 남한에는 미군정에서 지지하는 이승만을 중심한 세력들이 서북청년단을 앞세워서 남한만의 단독정부를 수립하기 위해 독립운동 애국지사들을 제거하기 시작했다. 북한에는 김성주를 중심으로 친소 정부가 들어섰다.

여수·순천 반란 사건의 배경은 두 가지 관점으로 살펴보아야 한다. 첫째, 국방경비대 14연대의 반란 배경과 둘째, 여기에 호응했던 여수와 순천 지역의 동향이다. 먼저 사건의 발화점이 되었던 14연대의 반란 배경을 살펴본다. 이 부대는 1946년 2월 15일 광주에서 편성된 4연대가 모체이며, 사건의 주동자는 김지회와 홍순석이었다. 김지회와 홍순석은 조선국방경비 사관학교 3기생으로 이 기수의 80%가 넘는 인원이 사병 및 민간인 출신들로 구성되어 있었다. 그중에는 좌파와 우파가 공존하고 있었다. 이후 4연대 1대대를 주축으로 1948년 5월 4일 여수 신월리에서 14연대가 창설되었다. 창설요원 가운데 김지회와 홍순석과 같은 좌익 계통의 장교와 지창수 등 사건을 직접 주도하게 되는 하사관들도 포함되었다. 창설 과정에서 남로당의 세포조직이 침투하게 되었다. 또한 14연대의 구성원들이 평소 가지고 있던 경찰에 대한 적대적 감정도 봉기의 원인이 되었다. 창군 이전 국군은 경찰의 보조 전력으로 인식되는 경우가 많아 경찰의 조롱거리가 되기도 했다. 이런 인식이 창군 이후에도 변하지 않았다.

1947년부터 전라남도 동부지역에서는 군경 간에 물리적인 충돌이 세 차례나 일어났으며, 모두 경찰에 유리한 결과로 종결되었다. 이는 14연대 병사들 사이에서 경찰에 대한 강한 적개심을 유발하는 계기가 되었다. 해방 후 여수·순천 지역은 우익의 우세 속에 좌·우익이 공존한 상태였다. 평온했던 이 지역의 분위기가 급변했던 이유는 남한만의 단독선거 시행을 둘러싸고 좌·우익이 충돌했기 때문이다. 선거가 다가오면서 양측 간의 충돌은 유혈 충돌 사태로 이어지기도 했다. 그러나 단독정부 수립이 확정되면서 남로당의 투쟁이 점차 급진 폭력화로 변모되어갔다.

14연대의 반란은 1948년 10월 15일경 육군 본부에서 제주 4·3 항쟁의 진압을 위해 14연대를 제주도에 파병한 것과 반이승만 계열로 간주되던 전임연대장 오동기 중령이 한 달 전에 체포된 것이 동기가 되었다. 여기에 군부 내의 좌익 동조자를 축출하기 위한 숙청작업이 겹치면서 남로당 조직원들을 중심으로 반란이 일어났다. 연단에서 지창수는 "경찰을 타도하고 상잔의 제주도 출동을 반대하자"며 부대원들을 선동했다. 1,000~2,000명 정도로 추산되는 반란군들은 즉시 여수로 진격했다.

여수, 순천 지역에서는 좌익 세력들이 반란군에 호응해 이들을 중심으로 인민위원회를 설립했고, 일부 학생들이 반란군에 가담하기도 했다. 경찰에 의한 고문 등의 폭력을 경험하기도 했던 좌익청년들은 지역의 우익인사와 경찰관 및 그 가족을 살해하기도 했다. 인민위원회에 의해 경찰서장 등의 우익인사들이 처형되기도 했다. 인민위원회는 우익인사들에 대한 보복, 숙청 외에도 토지개혁, 식량 배급 등에 나서기도 했다. 이때 우익인사들은 지주, 목사 등의 종교인이 다수였다. 이때 그 유명한 '사랑의 원자탄 손양원 목사'의 두 아들이 처형된 것이다.

반란 소식이 상부로 전해지면서 미 군사고문단 수뇌부 회의에서는 광주에 '반란군토벌전투사령부'를 조직하기로 결정했다. 진압군은 송호성 육군참모총장과 11개 대대가 참여했다. 10월 25일 이 지역에 계엄령이 발효되었고 첫 교전이 순천시 학구리에서 벌어졌다. 여기서 승기를 잡은 진압군은 순천으로 진격했다. 장갑차와 박격포를 앞세우고, 항공기와 경비정까지 동원된 3일간의 시가전 끝에 여수를 탈환하고 반란 사건은 종결되었다. 이 과정에서 양 진영에는 많은 인명 피해가 발생했다. 초기 진압 작전에 실패한 군은 강경한 작전을 구사했으며, 민가에 대한 철저한 수색으로 반란군 협력자를 모두 색출하고자 했다. 이 과정과 반란군 진압 후에도 비공개 군법회의를 통해 반란군과 무관한 양민이 많이 희생되었다.

한편 여수를 포기하고 지리산으로 입산한 반란군과 1950년까지 장기간 교전과 협력자 색출을 통해 양 진영의 군과 경찰에 의한 민간인 피해가 지속되었다. 대략 2,000명~5,000명의 인명 피해가 있었고, 가옥 2,000호(이 당시 100억 원의 피해가 발생된 것으로 추정)가 피해를 입었다. 이것을 계기로 이승만의 철권통치가 시작되면서 반이승만계와 김구 선생을 몰아세우는 계기가 되었다. 연이어 6·25 동란을 겪으면서 온 나라는 초토화되었고, 너 나 할 것 없이 간신히 먹고사는 것도 감사할 지경이 되었다. 군 장성들은 자신이 지켜야 할 부대에서 떠나 서울의 육군 본부에서 파티에 빠져 있고, 하급 간부들은 일요일이라 마음을 놓고 있는 순간을 노려 기습적으로 북한이 공격을 감행한 것이다. 환경 운동가 장경근의 연속 글쓰기 2020년 6월 28일자 '한강철교를 폭파한 이승만'을 보면 다음과 같은 내용이 있다. "1950년 6월, 한강철교가 폭파되었다. 적의 전진을 방해한 것이 아니라 우리의 퇴각을 막았다. 이로 인해 한강 이북의 중화기를 다 잃었고 빠져서 죽은 사람만 800여 명, 그리고 퇴각을 못 해 죽은 군인도 많았다. 바로 그 사람 이승만은 대통령 병에 걸린 사람, 독립자금을 사비처럼 쓴 사람, 이조의 제왕적 뿌리가 남은 사람, 그래서 결국은 우리나라 최초로 탄핵된 대통령이 되었다. 그것도 두 번이나. 임정에서 한 번, 정식정부에서 또 한 번. 이미 독립운동가들에게는 그의 평판이 있었으나 미국 대통령과 가깝다는 이유로 발탁될 수밖에 없었다. 결국 그의 대통령직은 성공의 길이었을까, 몰락의 길이었을까?" 권력을 잡기 위해 상해 임시정부를 비롯해 독립을 위해 목숨을 바치고, 가정까지 희생한 독립투사들을 한 사람씩 제거하고 있었다.

이런 상황에서 전국에 징집령이 내려져 아버지는 군에 자원 입대하시고, 어머니는 남의 집에서 일을 돌보아주면서 방을 한 칸 얻어서 살아가는 형편이었다. 그러면서 어린 딸을 등에 업고 새벽 기차를 타고 대구에서 과일을 사다가 팔아서 어렵게 살았다. 군대에 입대하는 모든 장병의 가족들은 눈물의 이별을 했다. 그러나 우리 어머니는 잘 다녀오라고 하면서 아버지를 담담하고 밝은 표정으로 보냈다. 전선에 가는 것이 곧 전사를 의미하기에 얼싸안고 우는 것도 이해가 된다. 이렇게 보내는 우리 어머니의 마음도 마찬가지였지만, 담대하게 싸워서 승리하고 오라는 뜻이었으리라. 전세는 최악의 상황이었다. 어머니는 지친 몸을 끌고 매일 교회에서 다른 성도들과 함께 기도할 수밖에 없었다. 기도하다가 엎드려서 자기도 하면서 말이다.

아버지는 맥아더(MacArthur) 장군의 인천 상륙작전에 차출되어 서울을 거쳐 북진을 계속하는 대열에 있었다. 미아리에서는 치열한 접전이 벌어졌고 총알이 비 오듯 쏟아졌다. 아버지는 '무엇을 위해 우리가 동포끼리 총질을 하며 서로 죽여야 하는가?' 상념에 잠겼다고 한다. 국군은 계속 북진해 신의주까지 도달했다.

그런데 갑작스럽게 중공군이 한국전에 참여하기로 결정해 인해전술로 남쪽으로 진격했다. 계속 퇴각하던 중, 북한 지역에서 중국군과 대치하던 치열한 접전에서 본 부대가 흩어지면서 세 명이 고립되어 마을로 숨어들었다. 총도 잃고 간신히 몸만 피해서 온 것이다. 어쨌든 이곳을 빠져나가려면 총이 필요했다. 그래서 중공군이 주둔한 곳의 화장실에 접근해 중공군이 들어가는 것을 기다렸다가 총을 탈취해서 아군으로 합류했다.

전쟁은 계속되고 북한의 어느 논에서 밀고 밀리는 격전이 벌어졌다. 그곳에서 부상을 입고 중공군에게 포로로 잡혔다. 지금 생각하면 아버지가 포로로 잡힌 것이 천만다행이었다. 포로 교환할 때 미군에게 붙잡힌 중공군 포로와 교환된 것이다. 아버지는 국군 병원에서 수개월 동안 입원 치료를 받고, 상이군인이 되어 의가사 제대를 했다. 아버지는 심장 밑과 허리 부분에 남아 있는 파편의 상처가 아물어 다행히 활동할 수 있게 되었다. 아버지는 미군 부대에 취직했고, 시간이 지나면서 집안 형편이 조금씩 나아졌다.

우리는 각자 특별한 목적을 이루라고 이땅에 파견된 소중한 하늘의 대사이자 천사다. 한 사람도 생을 무의미하게 살 수는 없다. 자신이 왜 이 땅에 태어났을까? 그 이유를 생각하면서 살아야 한다. 따라서 국가는 국가의 책임을 다해야 하고, 지도자는 국민을 위해 열심히 보낸 자의 뜻을 수행해야 한다. 평범한 사람은 성실하게 일해야 한다.

우리 집에 새로운
일이 생기다

1952년 2월, 온 가족이 그리도 바라던 종손인 내가 태어났다. 기쁜 소식을 전해 들은 큰할아버지는 하루가 꼬박 걸리는 길을 걸어서, 버스를 타고, 구례구역에서 기차를 타고, 여수에서 배를 타고 부산으로 '정호'라는 이름까지 지어서 오셨다. 이때 고모 집에는 나보다 1년 먼저 태어난 사촌 최정숙이 있었다.

바쁜 우리 가정에 누나(갑숙)는 나의 보호자이자 좋은 친구였다. 나는 무엇이든지 경쟁이 되는 것은 내가 먼저 하려고 떼를 썼다. 심부름, 심지어 화장실 가는 것까지 말이다. 우리가 조그만 집을 지어서 살게 되자 구례의 고모부 친구들까지 다 모여들어 무전취식을 했다. 그중에 빵 기술자가 있어서 삼립빵이 창립할 때 우리도 창업했다. 삼립빵은 잘 팔리는데 우리는 비싼 재료를 썼는데도 기술이 부족해서 잘 부풀지 않아 팔리지 않았다. 빵 공장을 그만둔

후에 어머니는 계속 집을 지어 팔았다. 요즘 말로 하면 건설업을 하신 것이다. 그때 당시 현대건설이 구멍가게처럼 생기고 있었으니 그대로 계속했으면 우리 어머니도 재벌 회장이 되었을 것이다. 사업이 잘되기 시작하는데 큰할머니께서 돌아가시고, 고모가 결혼하게 되어 큰할아버지와 작은할머니만 남게 되니 구례로 오라고 하셨다. 대도시로 나갈 생각을 하지 않고 당장 부모님을 모실 생각만 했다.

구례는 부산과는 완전히 다른 시골이었다. 대문은 나무로 짠 대문, 싸리로 짠 대문, 대문이 없는 집도 있었다. 담장은 돌과 흙으로 쌓은 것, 싸리를 엮어서 만든 것, 개나리 같은 작은 나무를 심거나 간단한 경계 표시만 있는 집 등 다양했다.

큰할아버지(이하 할아버지)는 보통 키에 외출할 때는 늘 갓을 쓰고 다니시는 신사였다. 할아버지는 손자가 태어나기를 간절히 바라시다가 내가 태어나기 1년 전에 할머니를 먼저 보내고 혼자 살고 계셨다. 큰할머니는 광의면 지천리의 귀한 집에서 태어나 교육을 잘 받으신 분이었다. 말할 수 없이 얌전하셨다. 인정이 많아서 자신도 넉넉하지 않으면서 누가 집에 오면 많이 먹으라며 쌀밥을 꼭꼭 눌러서 담아주셨다고 한다. 큰할머니는 딸만 연속으로 4명 낳고, 아들을 못 낳았다고 해서 과거 여인네들이 모두 그렇듯 산후조리도 하지 않았다. 그래서 전신 관절에 통증이 아주 심해 머리도 못 빗어 우리 어머니가 빗겨드렸다. 너무나 통증이 심해 "나도 예수 믿고 병 낫게 교회 좀 가면 안 되냐?"고 해 할아버지께 허락을 얻어서 교회에 다니시게 되었다. 우리 집안에서는 처음으로 교회에 나가기 시작한 분이다. 작은할머니(이하 할머니)는 남방계 사람처럼 약간 인도사람을 닮았고, 키가 170cm 이상 크고 코가 큰 장대한 분이었다. 쌀 한 가마니도 거뜬히 들어 올리는 장사였는데, 젊어서 남편을 먼저 보내고 4남매를 혼자서 키우셨다. 우리 집 뒤에는 조그만 놀이터가 있어서 이곳에 모두 모여서 놀다가 등교 시간이 되면 함께 학교에 같이 가곤 했다.

우리가 학교에 입학했던 해에는 국민학교(이하 초등학교) 의무교육이 이루어져서 아이들을 학교에 안 보내면 처벌을 받았기 때문에 집에서 노는 아이들이 없이 모두 입학했다. 우리 반에 네 살 위인 형들도 몇 명이 있었고, 심지어 여섯 살 위인 김상수 형도 공부를 같이했다. 한 반에 60명 이상씩 바글바글했다. 모든 면에서 질서가 잡혀 있지 않고 혼란스러운 격변기였다.

내가 초등학교에 입학할 무렵, 부모님이 구례로 이사 오셨다. 시골로 오시고 나서 큰 대문이 있는 집을 사서 이사했다. 거기에 문간채를 지었다. 집 안에는 큰 감나무가 약 20그루에 텃밭이 있었다. 대문 밖에는 공터가 있어서 아이들의 놀이터가 되었다. 학교에 오가는 것이 놀이이고 자연이 우리의 놀이터였다.

우리 집은 모든 친척들이 드나드는 곳이고 새로운 음식이 있으면 나누어주는 곳이었다. 우리나라에 라디오 생산이 안 되던 그 시절 우리 집에는 일제 파나소닉 라디오가 있으니 온 동네 사람이 모두 모여 평상과 멍석을 깔고 앉아서 라디오를 들었다. 이 때 작은 상자 안에 사람이 들어 있는 것으로 생각하는 사람들도 있었다. 여러 사람이 넓은 마당에 모깃불을 피워놓고 모여 앉아 신기한 듯 뉴스도 듣고 노래도 따라 불렀다. 그 당시, 마을에는 우리 집에만 목욕탕이 있었다. 설이 다가오면 모두 장작을 한 묶음씩 가져와서 목욕을 하곤 했다.

우리 어머니와 가족은 누구에게나 큰 소리로 반갑게 맞아주시어 친숙한 집, 와보고 싶은 집이었다. 우리가 광주에 살 때도 친척 중에서 학원 다닌 사람, 군대 근무하는 사람, 대학에 다니는 사람 중 우리 집에서 한동안 기거하지 않은 사람이 없을 정도였다.

우리 고조할머니는 국가에서 인정하는 의녀였다. 조선시대에 부인들의 질병을 구호·진료하기 위해 두었던 여자 의원이다. 우리 집안에는 '묘 자리는 절대로 옮기지 말라'는 철칙이 있다. 왜냐하면 고조할머니의 남편과 아들이 이장하려고 묘지를 팔 때 마을에서 보니 김이 푹 솟아오르더니 하루에 두 사람이 돌아가는 무서운 일이 일어난 것이다. 할아버지는 열일곱 살에 할머니를 모시고 사는 소년 가장이 되었다. 그래서 할머니의 의술을 그대로 배워서 의술을 펼쳐오셨다.

당시는 한 군에 공의(公醫, 의사가 없는 지역에 배치된 의사)만 있어서 만나려면 수십 리씩 걸어가야 했다. 할아버지는 환자들에게 침을 놓고 약을 지어서 치료해주셨다. 놓아두면 세균이 혈류를 타고 전신으로 퍼져서 죽을 수밖에 없는 농양(고름집이 생긴) 환자도 대침으로 절개해 치유하셨다. 안과 질환으로 오는 환자들은 안약을 넣어 주셨는데 참 잘 나았다. 글씨를 모르는 분들의 편지를 읽어주고, 명필이어서 제사를 지내기 위한 축문이나 지방(紙榜)을 써주셨다. 초상이 나면 그 집 일을 주관해서 초상을 잘 마치게 해주셨다. 명정을 써 주시고 치료비나 수고비는 물론 무료였다. 아버지는 모 심는 시기에도 이웃에 일이 생기면 순천지원까지 자신의 사비를 들여서 일을 돌보아주셨다.

자연은 우리의 교육장이고 꿈을 꾸는 배경이 되었다. 먹고살기 어려운 시대적인 상황은 생존을 위해 꿈꿀 수밖에 없다. 나는 이런 할아버지, 아버지(재창)와 어머니(정윤임)의 모습이 아름답게 생각되었다. 부모님을 통해 밥이 부족해도 이웃이 어려우면 대접해야 하는 것을 배웠다. 이러한 환경에서 자라온 나는 불쌍한 사람을 보면 가슴이 아프고 도와줄 방법을 늘 생각하게 된다. 거기서 한 발 더 나아가 해결하기 위해서 행동하는 것이 습관이 되었다. 오직 환자를 위해 헌신하며 봉사하는 할아버지의 아름다운 모습을 보고 자연스럽게 의사의 꿈을 꾸었다. 더 많은 사람들을 치료하는 대의가 되어 영향력을 키우고 싶었다. 대의가 되기 위해서는 더 많은 희생이 필요했지만, 내가 하지 않으면 누가 하겠는가?

지리산과 섬진강은
나의 놀이터

　명산이 있는 곳이나 풍수지리학적으로 좋은 곳에서 좋은 인물이 많이 나온다고 한다. 그렇게 생각하면 우리 집은 풍수지리학적으로 참 좋은 위치라고 할 수 있다. 우리 집 뒤에는 웅장하고 경관이 좋은 지리산이 병풍처럼 두르고 있어서 뒤를 막아주는 역할을 한다. 지리산은 웅장하고 경관이 빼어나서 우리나라 국립공원 1호로 지정되어 있다. 앞에 펼쳐진 섬진강은 우리의 가슴을 트이게 한다.

　지리산 밑에는 화엄사가 있다. 화엄사는 신라 시대에 김대성이라는 사람이 세운 절로 국보급 보물이 많은 큰 규모의 절이다. 우리는 소풍을 매번 이곳으로 갔다. 학교에 나무를 심을 때도 그곳에서 옮겨 심는다. 자연은 우리의 마음을 순화시켜줄 뿐만 아니라 많은 생각을 하게 한다. 우람한 산은 우리의 큰 꿈을 더욱 키워주고 우리의 마음을 넉넉하게 해준다. 작은 데 예민하지 않고 짜증 냄

없이 모든 것을 품을 수 있는 듯하다. 아름드리나무를 보면서 강인함이 우리의 몸과 마음에 스며든다. 그리고 우리는 자연스레 숲의 정기를 마시게 된다. 우리 선친들의 묘는 명당을 찾아서 노고단 벼락 바위 밑에 자리하고 있다. 설 명절이 되면 일찌감치 우리 집에서 할아버지, 할머니, 부모님, 형제자매, 큰집을 찾아온 대소가의 아저씨들과 차례를 지내고 세배를 나눈다. 복된 한 해를 서로 빌어 준다.

다음에는 대소가의 어른들을 찾아뵙고 세배를 드린다. 가는 곳마다 별미로 음식 솜씨를 자랑한다. 1년 중 가장 푸짐하고 여유로우며 행복한 날이다. 어린이들은 설빔을 선물로 받는다. 다음에는 서둘러서 지리산 밑의 9대 할아버지 산소를 찾아 새해 인사를 드린다. 거의 쉬지 않고 빠른 속도로 걸어 올라간다. 남동생은 산이 오르는 게 힘들다고 칭얼거린다. 그러면 그곳에서 잠시 쉬고 또 걷는다. 당연히 동생은 내 몫이다. 업고서 한참 걷다가 힘들어 쉬고 싶을 무렵이면 목적지에 가까워진다. 목적지에 도달하면 예를 하고 하산한다. 다음 날에는 온 동네 사람이 모두 모이고 우리 집을 비롯한 몇몇 집에서 음식을 차려서 대접하고 세배를 나눈다.

여름에는 학교 공부가 끝나면 날마다 소를 몰고 섬진강으로 간다. 방학 때는 우리 집 앞에 있는 작은 저수지인 둠벙에서 짧은 코스로 오전 내내 질주하며 수영시합을 한다. 점심을 먹고 2차로 각자 자기 집의 소를 몰고 섬진강으로 출전한다. 소의 꼴을 먹이기 위한 일이다. 넓은 섬진강과 세미한 모래사장이 끝이 없이 넓게 펼

쳐져 있다. 모래는 맨발로 다녀도 발에 아무런 느낌이 없을 정도로 분가루처럼 곱다. 섬진강에 진입하기 바로 전에 도깨비 둠벙이 있다. 섬진강 본류와 모래사장으로 나누어져 있다. 거기에는 걸어서 들어가면 자갈처럼 밟히는 모든 것이 조개다. 소는 소대로 놀고 우리는 편을 갈라서 씨름 시합을 한다. 씨름이 끝난 후 달리기 코스가 기다리고 있다. 모래 위에서는 달리면 발자국이 쑥쑥 들어가기 때문에 단거리 달리기는 어렵고 마라톤을 한다.

냉천리 쪽으로 올라가면 까만색의 둑과 같은 것이 있다. 우리는 모여서 새까만 진흙을 온몸에 바르고 돌아다니다 씻어낸다. 그러면 피부가 아주 매끄러워졌다. 흑해에서 가져왔다는 머드팩이 바로 이것이다. 섬진강에서의 수영은 큰 모험이다. 아래 용두리 쪽에는 소용돌이가 있어 빠지면 나올 수가 없었다. 그래서 상류로 달려 올라가서 강의 중간까지 갔다가 소용돌이에 빠지지 않기 위해 있는 힘을 다해 되돌아 나온다. 갑자기 비가 오는 날에는 우산 밑에 옷을 싸서 놓고 수영을 한다. 그 후, 소를 타고 놀다가 해가 질 무렵 집으로 온다.

겨울에는 우리 대문 앞이 온 동네의 놀이터다. 우리 집 앞 저수지가 스케이트장이다. 여자아이들은 고무줄놀이를 한다. 그들이 하는 노래는 학교의 동요가 주류이며 누가 작사와 작곡을 했는지는 잘 모르지만 "무찌르자, 오랑캐. 몇백만이냐. 대한용사 가는 데 저기로구나. 나아가자, 나아가. 승리의 길로. 나아가자, 나아가. 승리의 길로"라는 노래다. 1950년대 후반에서 1960년대 초반이었으니 아직 전쟁의 영향이 있을 때가 아닌가? 남자아이들은 선을 그어놓고 무궁화 놀이나 땅따먹기 놀이를 했고, 밤에는 국군 놀이를 했다. 그 외에도 많은 놀이가 있었다.

땅따먹기 놀이는 한 뼘 정도 각자 땅을 그려서 자기 땅으로 하고, 지름 2cm 정도의 깨진 그릇으로 만든 사금파리로 나갔다가 세 번 만에 반원 안으로 돌아오면 그 영역이 자신의 땅이 된다. 하지만 못 돌아오면 공격권이 상대에게로 넘어가 땅을 많이 차지하는 사람이 이기게 되는 놀이다. 지나치게 욕심을 내면 다시 돌아올 수가 없어서 참 합리적이고 재미있다.

학교에 가서 공부하는 시간을 빼고는 종일 뛰고 노는 게 일이었다. 지치지 않는 그 많은 에너지가 어디서 나오는지 모르겠다. 한번은 놀다가 신순모라는 아이가 싸움을 걸어와서 때려주었는데, 그 아이가 코피가 나서 자기 엄마에게 일렀다. 그 어머니가 뛰어나와 다짜고짜 나를 때리고 꼬집어서 온몸이 시퍼렇게 멍이 들었다. 내 어머니도 화가 났지만, 같이 싸우지 않고 참으셨다. 내 마음 같으면 같이 가서 싸워 혼을 내주면 좋겠는데, 어머니는 그 어머니에게 "애들 싸움에 어른이 이렇게 하면 어떻게 하느냐?"고만 하셨다. 나는 나보다 큰 형들하고만 놀았기 때문에 간혹 옆집 친구의 형에게 맞고 올 때도 있었다. 그럼 어머니는 혼내주러 가자며 내 손을 잡고 가셨다. 그리고는 "병기는 정호보다 세 살이나 많은 형인데, 어린 동생을 때리면 될까? 앞으로 잘 데리고 놀아라" 하면서 타이르고만 오셨다. "엄마는 왜 혼낸다면서 안 혼내는 거야?" 하고 불만이었지만, 어머니는 항상 이런 식이었다. 한번은 병기 형에게 맞고 울면서 집으로 들어오는데, 우리 아버지가 불이 붙은 부지깽이를 들고 "어디서 창피하게 맞고 오느냐?"고 쫓아와서 맞지 않으려고 힘껏 도망갔다. 그 뒤에는 맞고 들어오는 일이 없이 맞더라도 밖에서 해결하고 왔다.

이렇게 온종일 놀기만 했기에 어른들은 내가 공부를 언제 하는지를 걱정하셨다. 간혹 "이제 그만 놀고 집에 가거라" 하며 해산시키기도 하셨다. 그런데 나는 어떤가? 공부 좀 하려 하면 아이들이 노는 소리가 나를 유혹했다. 그렇게 많이 놀아도 노는 소리가 나면 또 나가고 싶었다. 우리 누나는 그래도 알아서 공부를 좀 했다. 부모님은 내가 걱정이셨다. 매년 목포 상고 학생들이 마을에 실습을 나오면 아버지가 이장이었기 때문에 우리 집에서 식사를 많이 대접했다. 그래서 그들을 나의 가정교사로 활용했다. 또 송기봉 형의 집에 가서 공부를 같이하기도 했다. 기봉이 형은 일찍이 서울에 있는 용산고등학교에 입학해 재벌 기업의 건설회사 사장을 지낸, 시골에서는 크게 출세한 사람이다.

재문이 아저씨 집에 가서 공부하기도 했다. 재문이 아저씨는 서울교육대학을 졸업하고 교장 선생으로 봉사를 마쳤다. 두 사람 모두 누나와 동갑내기로 여순 반란 사건 때 죄 없이 아버지를 잃고 20대 초반의 어머니가 어렵게 눈물로 키운 사람들이다. 기봉 형의 어머니는 서울에서 재구 아저씨 집에 얹혀 지내며 생선 장사로 눈물겹게 한 푼씩 모아가며 살았다. 재문이 아저씨의 어머니는 시골에서 비단 장사를 하며 어렵게 두 아들을 고등학교와 대학교에 보냈다.

5학년 때는 전국 학생 일제고사에서 1등을 해 전교생이 있는 운동장에서 상을 받은 경험이 있다. 항상 자신감이 넘치긴 했지만, 이 경험은 나의 삶에 큰 힘이 되었다.

당시 나에게는 서울에 대한 동경이 있었다. 여름방학과 겨울방학에 배재고등학교 형과 누나들이 시골 마을에 와서 성경학교 봉사를 하는데, 여기에서 나는 처음으로 예수님에 대해서 공부했다. 이름은 잊었지만, 키가 크고 마른 형이 이야기해준《잭과 콩나무》와《성경》의 '예수님과 삭개오' 이야기, '다윗과 골리앗'은 지금도 머릿속에 깊이 남아 있다. 그렇게 재미있게 이야기할 수가 없었다. 매력적인 음성의 서울 표준말로 하는데 '서울은 참 좋은 곳인가 보다'라고 생각했다. 참 능력 있는 이야기꾼이었다.

자연은 우리에게 많은 것을 주었다. 무엇이든지 할 수 있다는 의지를 갖게 해주었고, 참고 견디는 것을 가르쳐주었다. 여러 가지 놀이를 하면서 이웃과 어울리게 되고 합리적으로 되었다. 다툼을 일으킬 때는 왜 다툼이 일어났으며, 앞으로 어떻게 해야 할지 알려주는 것으로 마무리해야 한다. 항상 자신감을 갖도록 교육해야 한다. 과거 아버지가 나를 강하게 키우셔서 어려움에 물러서지 않는 오늘의 내가 있지 않았나 싶다. 어떠한 상황에서도 좌절하지 않고 문제를 해결하는 것이 습관화되었다. 덕분에 나의 문제, 우리 가족의 문제뿐만 아니라 이웃과 국가의 문제에도 적극적으로 나서게 되었다.

어려웠던 시대,
꿈을 키우다

　'필요는 발명의 어머니'라는 말이 있다. 사람은 어려운 일이 있거나 장애물이 앞에 놓이면 그것을 보고 가만히 있지 않는다. 해결하거나 꿰뚫기 위해서 온갖 지혜를 짜낸다. 그러면서 발명품과 논리가 나온다. 멀리 가려면 힘들고 시간이 많이 걸리기에 소가 끄는 수레를 탔고, 더 빨리 가기 위해 말을 탔다. 말을 타보니 더 편한 것이 있을 것 같아서 자전거를 만들어서 타고 다녔다. 그러다 자전거보다 힘이 안 들고 빨리 가는 꿈을 꾸게 된다. 이 꿈이 이루어진 것이 포드(Ford)가 만든 자동차다. 인간은 앞에 막힌 어려움을 해결해 더 편리하게 살아보려고 꿈을 꾼다. 그리고 그 꿈은 계속된다.

　라이트(Wright) 형제는 하늘을 나는 꿈을 꾸었다. 꿈을 꾸는 사람은 어느 시대건 터무니없는 사람, 정신없는 사람 취급을 받는다.

대부분의 사람은 꿈을 꾸지 않기에 항상 불가능하다고 표현한다. 물론 금방 이루어지지는 않는다. 그렇기 때문에 라이트 형제는 수도 없이 떨어지고 다치는 일을 반복했다. 그렇지만 그 터무니없는 꿈은 현실로 이루어져 비행기가 탄생되었다. 지금은 달나라와 화성까지 가는 인공위성까지 만들지 않았는가! 그렇게 과학의 발전이 끝없이 이루어진다.

인간은 살아가는 동안 병과 함께 살아가야 하고 그 병으로 고통을 당한다. 가장 극심한 고통은 사랑하는 사람들과의 이별이다. 나의 가장 가까운 사람이 고통을 당할 때 어떻게 하면 해결해줄 수 있을까 해서 만든 것이 약품이다. 백신은 동물, 특히 인간에게 질병에 대한 면역을 부여하는 바이오 의약품이다. 사람의 생명을 가장 많이 앗아간 질병으로 홍역, 천연두, 결핵, 독감 등을 들 수 있다. 이들 질병은 치명적이었다. 하지만 백신 개발로 예방이 가능해지면서 과거의 공포감은 사라졌다. 그것은 그만큼 노력이 뒤따랐기 때문이다. 우리나라 어린이들은 태어나서 초등 6학년 때까지 열다섯 개 질환에 36차례 안팎의 백신 접종을 받아야 한다. 백신은 영국의 제너(Jenner)가 1796년 천연두 예방법을 발명하는 과정에서 면역 물질을 암소에서 추출해 우두 환자를 치료하면서 발견했다. 이때문에 백신(Vaccine)이란 말은 라틴어로 '암소'를 의미하는 명사 '바카'(Vacca)에서 유래했고, 이 용어는 파스퇴르(Pasteur)가 예방접종을 지칭하는 의미로 사용하면서 일반화되었다. 제너가 우두의 고름을 이용해 천연두 예방 접종에 성공한 당시에도 그를 비난하는 사람들이 많았다고 한다. 이후 20세기에 들어 콜레라, 장티푸스, 파상풍, 독감, 척수성 소아마비, 홍역 등의 질병에도 다양한 백신이 개발되었다.

백신이 발명됨으로써 인류는 과학적인 집단 면역을 구현하는 것이 가능해졌으며, 이로써 엄청난 사람들이 목숨을 건졌다. 예를 들어 20세기에 천연두로 3억 명의 생명이 희생되었다. 하지만 지금은 지구상에서 천연두가 자취를 감추게 되었다. 인류 역사상 가장 많은 목숨을 앗아간 병인 천연두를 겨우 10여 년 만에 근절한 것이다. 이것이 집단면역(백신접종)의 위력이다. 미국의 경우, 1921년 디프테리아 발병이 1년에 20만 6,939회로 최고조를 찍었으나, 1998년에는 1년에 단 1회로 확 줄어버렸으며, 뇌수막염은 백신이 개발되면서 발병 빈도가 유럽에선 90%, 미국에선 99%나 줄었다. 또한 소아마비 역시 엄청난 수가 줄었는데, 1988년도엔 35만 명이었던 소아마비 감염자가 2015년엔 74명으로 감소되었다. 백신이 수많은 사람들을 장애와 생명의 위협으로부터 지켜준 것이다.

2020년에는 코로나19가 전 세계적으로 확산되면서 백신에 대한 관심도도 매우 높아졌다. 인류 역사상 유례가 없는 자원과 인력이 투입되어 백신이 개발되고 있다.

소아마비 백신을 개발한 솔크(Salk) 박사는 최초로 효험이 있는 소아마비 백신을 개발했다. 솔크는 뉴욕대학교 의과대학에서 죽은 바이러스를 가지고 면역학을 연구한 토머스 프랜시스(Thomas Francis) 2세와 공동 연구했다. 국립연구위원회 연구회원이었던 그는 1942년에는 미시간대학교의 공중보건대학원에서 프랜시스와 합류했으며, 인플루엔자 백신을 개발하기 위해 연구하는 그룹의 일원이 되었다. 1947년에는 피츠버그대학교 의과대학의 바이러스 실험연구소의 소장이 되었는데, 이곳에서 소아마비에 관한 연구를 시작했다. 다양한 폴리오바이러스의 바이러스주(株)를 분류하는 연구에서 다른 여러 대학에서 온 과학자들과 공동 연구를 하게 되었는데, 솔크는 세 가지로 분리된 바이러스주를 동정하는 과정에서 죽은 세 가지 바이러스가 병을 일으키지는 않지만, 원숭이에서 항체 형성을 유도할 수 있음을 증명했다.

소아마비의 발생은 1952년까지 계속 증가하는 추세였는데, 특히 1952년은 미국에서만 5만 8,000명의 소아마비 환자가 발생하고 이로 인해 3,000명 이상의 어린이가 목숨을 잃은 최악의 해였다. 기존의 이론으로는 항체를 형성하는 데 소아마비 바이러스의 활성인자가 필요하다고 알려져 있으나, 그는 비활성 바이러스가 필요하다고 확신했다. 그는 전국 소아마비재단의 소아마비구제모금운동으로부터 자금을 지원받아 주사용 비활성 바이러스 백신을 개발했다. 그의 발견은 그다음 해 〈미국의학협회저널Journal of the American Medical Association〉에 발표되었다.

프랜시스는 전에 소아마비를 앓았던 환자를 대상으로 인체실험을 시작해 자신과 가족들에게도 차례로 실험한 후, 1954년 미국의 180만 취학아동을 대상으로 임상실험에 들어갔다. 결국 1955년 4월 12일, 백신의 효력과 안전성이 공식 발표되기에 이르렀다.

이어 전국적인 접종 캠페인이 시작되었고, 1962년까지 새로운 소아마비 발생 건수는 대략 1,000건으로 떨어졌다. 미국에서 솔크의 백신이 앨버트 B. 세이빈(Albert B. Sabin)이 개발한 경구용 활성 바이러스 백신으로 대체되었을 때도 많은 나라에서는 여전히 솔크의 백신을 사용했다.

1963년에는 캘리포니아 샌디에이고 생물학 연구소(솔크 연구소의 전신)의 소장이 되었다. 솔크는 1950년대 당시 가장 무서운 질병이라는 소아마비의 백신을 만들기 위해 연구에 연구를 계속했다. 그리고 200번 실패했을 때, 어떤 기자가 "박사님, 백신 개발에 벌써 200번이나 실패했는데 어떻게 생각하십니까?"라고 질문을 던졌다. 하지만 솔크 박사는 당당하게 "저는 한 번도 실패한 적이 없습니다. 단지 백신이 효과를 나타내지 못하는 200가지 방법을 발견했을 뿐입니다"라고 말했다. 이렇게 실패에도 좌절하지 않고 오랜 고생 끝에 백신 개발에 성공하자 그는 이 백신 제조법을 무료로 공개했다고 한다. 물론 특허로도 등록하지 않았다. 그는 이렇게 말한다. "저는 백신 개발을 특허로 등록하지 않을 것입니다. 저 태양을 특허로 신청할 수 없듯이 말입니다." 작은 것이라도 자신의 것을 남에게 나누는 사람들이 줄어드는 요즘, 솔크 박사의 나눔은 많은 생각을 하게 한다.

어디 과학뿐인가? 역사도 그렇다. 왕권 앞에 민간인이 무슨 말을 할 수 있겠는가? 그러나 프랑스혁명이 일어나 왕권과 왕정이 무너졌다. 수많은 생명을 앗아간 김일성의 철권통치도 그가 죽음으로써 무너지고 있다. 역사를 왜곡하고 수많은 억울한 희생자를 만들며 마산항쟁을 광주 의거 이상으로 처참하게 진압하려 했던 박정희 독재정권이 하나씩 역사의 흐름에 쓸려가고 있다. 국민을 사냥터의 동물처럼 생각하고, 정권을 잡기 위해 광주 시민을 희생시켰던 전두환과 그 일당들도 서서히 종말을 향해가고 있다. 이라크의 독재자 후세인(Hussein)과 리비아의 카다피(Qaddafi) 역시 비참한 종말을 보였다. 저 엄청난 무력과 철권을 무너뜨리리라고 아무도 생각하지 못했다. 아이들에게 북한은 빨간색으로 뿔이 나게 그리게 했던 우리나라가 북한에 가는 것은 상상도 하지 못할 일이었다.

하지만 이제는 남북을 오가는 것이 전보다 자연스럽게 되었다. 자신의 생명을 내던지고 불의와 독재에 항거하는 누군가가 있었기에 우리가 자유롭게 살게 된 것이다.

이제 기회가 온 것이다. 우리의 앞길을 막을 수 있는 것은 아무것도 없다. 우리에게 놓인 문제를 해결하기 위해 배운 자들이 빛과 소금으로 먼저 나서야 한다. 내가 안 하면 누가 우리를 위해 일을 하겠는가!

사랑과 질서의 기반이 된
대가족 문화

　여러분 가운데 전제군주 밑에서 살아보신 분이 계신지 궁금하다. 우리 가족은 현대를 살면서 전제군주 밑에서 살았다. 우리 할아버지는 결혼식 하는 곳에는 축하와 상을 당한 곳에는 조문을 하기 위해 자주 외출하셨다. 구례군뿐 아니라 하동군의 화계, 승주군, 순천, 광양까지 모르는 집안이 없으신 모양이었다. 할아버지께서 외출 준비를 하시면 어머니는 돈을 준비해서 대기하셨다가 바로 드렸다.

　학교 갔다오면 오후 5시쯤 할아버지께서 오실 때까지 나는 우리 집의 파수꾼이었다. 동쪽 끝인 우리 집에서 서쪽 끝인 동구 밖까지 나가서 있다가 할아버지가 오시면 빨리 집으로 가서 할아버지 오시는 것을 알린다. 그때부터 내무사열 준비가 시작된다. 나는 다시 중간 지점으로 나가 "할아버지, 안녕히 다녀오셨어요?"

인사를 드리고 모시고 온다. 대문에 가까워지면 "할아버지 오신다" 하며 외친다. 그러면 집 안을 다시 한번 점검하고 대문 앞으로 나와서 도열한다. 만약에 한 사람이라도 안 보이면 그날은 잠을 잘 수 없는 고통스러운 날이 된다. 할머니가 돌아가시고 오래도록 홀로 사셔서 이런 것이 낙이셨을까?

어머니는 "아버님, 식사하세요" 하고 큰소리로 외치셨다. 난청이 심하셨기 때문이다. 배가 고프지 않으면 "생각 없다" 하셨지만, 그래도 밥상을 옆방에 차려놓고 잠 못 자고 기다렸다. 그러면 몇 시간 지나 밤이 되어 "늙은 아비 굶겨 죽이려고 밥을 안 준다"고 역정을 내셨다. 취중이시기 때문에 억지를 부리셨다. 밥상을 물리시면 그제야 모두 편히 잠을 잘 수 있었다. 술을 안 마신 상태에서는 그렇게 순하실 수가 없어서 내 남동생도 봐주셨다. 생일 초대를 받거나 할 때면 동네 어른들께 "우리 며느리가 내 귀야. 모든 뉴스를 다 전해줘!" 하며 칭찬하셨다. 우리는 할아버지와 대화할 때 궁중에서처럼 눈을 45도로 내리깔고 말씀을 나누어야 했다. 만약 얼굴을 들고 말하면 "이놈이 어디다 눈을 부릅뜨고 말하는고?" 하셨다. 본인의 뜻과 맞지 않을 때는 할머니(동생의 부인)에게도 "20년 더 산 내가 더 잘 알지 않겠느냐?"라고 하시니 아무도 반론을 낼 수가 없었다.

부모님은 할아버지와 할머니께서 딸들에게 주고 싶은 마음을 표시하기 전에 그 마음을 읽고 먼저 찹쌀, 고구마나 옥수수 등을 고모들에게 주었다. 우리 부부도 경제적으로 어려워서 문제지, 용

돈이나 생활비를 정확한 날짜에 드려서 부모님께서 달라는 말씀을 하실 필요가 없게 했다. 장모님께서 미안해하셔서 "부부는 하나이고 딸자식 훌륭하게 키워서 보내주셨으니 우리 부모님이십니다. 미안해하실 것 없고 부모님에게 하는 것은 당연한 일입니다" 하고 힘주어 말씀드렸다.

우리 부모님은 자녀들을 위해 광주로 이사 올 때도 지혜로우셨다. 우리가 농사를 많이 지으니 우리가 생산한 쌀과 보리로 자본 삼아 곡물상을 시작했다. 그래서 위험 부담 없이 시작할 수가 있었다. 자녀들은 부담을 줄이려고 절약하며 노력했다. 형제간에도 누님은 사범대학을 가고 싶어 했으나 동생인 나를 위해 학비가 안 드는 교육대학을 택했고, 나 역시 동생들도 교육을 받아야 해서 서울행을 포기했다.

우리 부모님은 군인 장교 아파트에 우리 가게에만 전화가 있어 모두가 우리 전화를 사용할 수 있도록 하고 전화비를 부담하기도 하셨다. 가난한 교육장교들이 어려움을 호소해서 돈을 여러 사람에게 빌려주어 때로 어렵기도 했다. 내가 학교를 그만두고 검정고시를 치르려고 생각했을 때도 부모님이 가슴 아프실까 봐 걱정이 되어 마음대로 할 수가 없었다.

내가 처음 장학 사업을 시작한 일화다. 본과 3학년으로 의과대학 기독학생회 회장을 할 때의 일이다. 1학기 말 시험을 치면서 의료봉사 준비와 약품을 모집하고 있을 때 간호대학 후배 박○○가 걱정스러워하며 "저는 이번 학기까지 다니고 학교를 그만두게 되었어요" 했다. 나는 "무슨 소리냐? 걱정하지 말고 기다려라. 우리 함께 기도하고 노력해보자" 하며 회원들을 모아 학자금을 전달해 학교를 졸업하게 했다. 함께 힘을 합친 것인데 그 후배는 선배님 덕이라고 고마워했다. 또 어려운 친지들이 보험을 들어달라면, 배려하는 마음으로 들어주었다.

우리 집에는 지역의 어른이신 할아버지를 뵈러 손님들이 종종 오셨다. 읍내에 볼일을 보러 가다가 오신 손님, 오일장을 보러 가다가 오시는 손님도 있었다. 일을 협의하기 위해 오시는 종친, 열흘 이상 묵어가시는 손님, 전주 외삼촌 댁, 이모님들, 고모님들까지 다양했다. 오일장이 서는 날 땅거미가 내리는 저녁에 어머니는 나를 데리고 시장에 가셨다. 낮에는 일꾼들에게 일을 시키고 식사 대접을 하며 마무리 지은 다음에 가야 했기 때문이었다. 시장에 가기 위해서는 중간에 공동묘지를 지나야 했다.

아무리 담대한 사람이라도 밤길에 묘지를 지나가는 것은 쉬운 일이 아니었다. 묘지를 지날 때 불이 번쩍거려 갑자기 무서워지면 어머니는 "찬송을 부르면 마귀들이 물러가고 하나님께서 우리를 지켜주신다. 찬송을 부르자" 하면서 나와 함께 찬송을 불렀다. 그러면 무서움이 물러났다.

어머니는 생선 등 반찬거리를 사가지고 와서 손님을 대접할 준비를 하셨다. 닭을 많이 키우는 것과 집 안에 채소밭도 손님을 위한 것이었다. 손님들은 한번 오시면 최소 3일 이상 계시다 가셨다. 가시려고 해도 좀 더 계시다 가시라고 하면서 만류하기 때문이었다. 우리 어렸을 때 교과서에 행복이 머물 곳을 찾다가 할머니와 아기가 밝게 웃고 있는 집에 들어갔다는 이야기가 있다. 《성경》에도 아브라함(Abraham)이 지나가는 손님을 극진히 대접하다가 천사를 대접해 본인이 복을 받을 뿐 아니라 복의 근원이 되는 기록이 있다.

예나 지금이나 우리 할아버지 같은 군주는 만나기 어렵다. 그러나 그 과정에서 어른을 공경하는 위계와 따뜻함은 그 어느 가정에서도 배울 수 없는 귀한 교육이었다. 가족 간에도 서로를 배려하고 양보하는 아름다움이 있어야 한다. 우리 어머니는 어른들을 섬기고 희생적으로 가족을 돌보셨다. 배려를 받는 사람이 감사하는 마음을 가지면, 사랑과 행복, 그리고 질서가 있는 세상이 될 것이다.

모든 사람에게 열린
따뜻한 대문

대문은 많은 뜻을 내포하고 있다. 누구든지 오라는 것이고, 모든 문제가 해결될 수 있는 능력이 있는 집이라는 것이다. 모든 문제의 해결은 부지런함에 있다. 우리 집 대문은 아침에 일찍 일꾼들이 들어올 수 있도록 열고 저녁이 될 때까지 닫지 않았다. 할아버지께서는 일어나시면 맨 먼저 대문을 활짝 열으셨다. 주인이 부지런해야 일꾼들도 빨리 서두르고 부지런하게 움직인다는 것이다. 할아버지께서 일어나시면 다른 사람은 더 잘 수도 없었다. 노인들은 잠이 없다고 하지 않는가?

우리 어머니는 3시간 이상 주무시지 못하셨다. 1인 5역을 하시니 얼마나 피곤하셨을까? 가족과 손님의 식사, 일꾼들의 식사 준비를 하며 삯바느질을 새벽까지 해야 했다. 거기다 우리까지 키워내셨다. 아침을 일찍 시작해야 하는 것은 어린 우리도 예외는 아니었다. 방문을 활짝 열고 이불을 개라고 하셨다. 이것이 습관화되어 있어서 우물쭈물할 수 없고 시간이 되면 무조건 일어나야 했다. 그래서 우리 가족은 아침에 결단력 있게 벌떡 일어나지 않으면 이상하다. 어머니는 아침에 일어나면 가족과 오실 손님들을 위해 밥을 지으셨다. 가족이 대가족이니 이것만도 힘이 든다. 거기다 일꾼들도 많았다. 때론 서른 명이 넘기도 했다. 그 많은 일꾼을 위한 식사를 준비하셨다. 일꾼들의 식사는 그것으로 끝이 아니었다. 우리 집에 일하러 오신 분들의 가족에게도 전부 식사를 배달했다. 아침 곁두리를 일찍 마련해 대접하면 양식이 없어 굶고 온 사람들에게 허기를 채워주는 시간이 되었다. 점심시간이 되면 점심을 먹고 그 가족들에게 식사를 배달하고 나면 새참 때가 되고, 뒤돌아서면 저녁 식사를 준비하는 시간이었다. 저녁 식사가 끝나면 뒷마무리를 해야 했는데, 어린 내가 보아도 너무했다. 사람이 기계도 아니고, 기계도 이렇게 쉼 없이 돌리면 열이 나서 고장이 난다. 어머니는 저녁이 되면 동네 사람들의 옷을 만들기 시작하셨다. 요즈음처럼 의자에 앉아서 하는 틀이 아니고 방바닥에 앉아서 손으로 돌리는 손틀이다. 늦게까지 내가 틀을 돌리면 어머니는 동생에게 젖을 물린 상태로 바느질을 하셨다.

우리 집안은 모든 행인을 배부르게 하는 집이었다. 행상들은 남해, 여수, 보성, 목포 등지에서 갖가지 해산물과 소금 등을 가져왔다. 주로 쌀과 보리로 바꾸는 물물교환이 많았다. 행상들은 주로 점심과 저녁 때 오고 걸인들은 아침에 왔다. 항상 밥을 넉넉하게 짓지만, 때로는 예상 밖에 많은 분이 오면 모든 가족의 식사를 챙기고 마지막으로 들어오시는 어머니 밥이 없었다. 그런데 어느 날부터 이상한 것은 모자라야 할 밥이 어머니까지 먹고 남았다. 할머니부터 시작해서 모두 남겼다. 다들 배불리 먹었다는 것이다. 요즈음과 다르게 불을 때서 밥을 해야 하니 다시 하기가 어렵다. 우리가 좀 덜 먹어도 다른 사람이 배부르다고 하니 뿌듯한 것이다. 그래서 양보하는 것이 습관이 되었다.

버스를 타고 여행을 하는 중에도 모심는 부근에서 차가 쉬면 소리쳐서 부른다, 점심이나 곁두리 음식을 조금 먹고 가라는 것이다. 점심이면 감자볶음, 김치, 생선조림을 잘 차려서 준다. 아이들이 배고플 때 그런 상황을 만나면 참 맛있고 감사하다. 인간의 본성이 공존 내지는 이웃을 사랑하게 되어 있는 것인지, 아니면 우리의 민족성이 그런 것인지 잘 모르겠다. 이런 인심이 있기에 과거에는 무전여행이 많았다. 어느 곳을 가든지 돈을 내지 않고 먹을 수 있고, 잘 수 있게 해주는 집이 있기에 가능했던 것이다. 요즈음은 어떤가? 공짜는 상상할 수도 없고 위층에서 시끄럽게 쿵쿵거리거나 주차장에서 시비가 붙어 서로 싸운다. 살인까지 한다. 형제간에도 명절 때 모여서 시비가 일어나 살인이 벌어지기도 한다.

인간 문화와 문명의 발전이 무엇인가? 국민 소득이 30배가 더 오르면 뭐하나? 발전이 우리를 더 불행하게 한다면, 앞으로 어떻게 살아야 하는가? 생각해보면 공정한 규칙이 없고 공공 규범이 불공정하다. 이런 전제가 우리 마음의 저변에 깔려 있어서 나만 피해를 보는 것 같고 화가 나며 내가 해결할 수밖에 없다고 생각하니 과격해지는 것 아닌가 하는 생각이 든다. 가난해도 넉넉하던 세상이 그립다.

친구가 오면 기쁜 마음으로 국밥을 대접하고 학비가 없는 학생에게 학비로 마중물이 된 가난한 내과 의사인 나는 행복하다. 감을 주우러 오는 아이들에게 기쁨을 주는 집이었던 우리 집은 무엇인가 얻어갈 수 있었던 따뜻한 집이었다. 달콤한 감이 예전과 현재에 그 가치가 어떻게 다를까? 과거에는 생존을 위한 먹을거리였고 먹음으로써 행복해졌다. 메추리알만 한 작은 것이라도 따려고 깊은 산중에 들어가서 찾는 것을 본다. 감꽃을 줍는 것까지도 기쁨을 주었다. 그 감꽃으로 목걸이와 팔찌를 만들어 차고 그것을 먹어보기도 하면서 재미를 느꼈다.

그러나 지금은 먹을 것이 널려 있다. 우리 어렸을 때는 탐스러운 밤을 발견하는 것 자체가 기쁨이었고, 그것을 땄을 때는 '땄다'는 성취와 만족감이 있었다. 물론 그것이 돈이 되는 것은 아니었음에도 말이다. 지금은 먹을거리와 물질이 넘쳐 우리에게서 약간의 성취감마저도 앗아갔다. 모든 분야에서 돈을 많이 벌면 기쁨이 더 커져야 할 것인데, 성취감과 삶의 의욕이 감소하고 있다. 즐거움이었던 모든 것이 무의미하게 바뀌어가는 것이 안타깝다.

지금과 같이 각박한 사회를 생각하면 우리 할아버지, 할머니, 아버지는 우리가 찾는 문제 해결의 열쇠다. 우리 아버지는 글을 못 읽는 사람들에게 편지를 읽어주는 아저씨였다. 우리 할아버지는 아픈 사람들의 고통을 덜어주고 생명을 지켜주는 할아버지였다. 우리 어머니는 나그네들에게 따뜻한 밥을 대접해주는 어머니였으며, 우리 가족은 따뜻한 이웃이었다. 친척들에게는 든든한 배경과 언덕이 되어주었다. 대단한 재벌이 아니고 힘이 있는 권력가가 아니어도 이웃들이 필요할 때 필요한 사람이 되고 힘이 소진되었을 때, 힘이 되어줄 수 있어서 우리 가족은 행복하다.

2장

대한민국에서
내과 의사로
일한다는 것

"네 생각은 어떠니?" 무한대 질문 교육

우리는 살아가는 동안 수없이 많은 질문을 받으며 살아간다. 우리 아버지는 완전 민주주의자이셨다. 작은 일부터 큰일까지 모두 가족들과 회의 후에 결정하셨다. 제일 첫 번째 회의가 논을 사는 일이었다. 우리 집에서 10분 정도 내려가면 기와를 굽는 기와막 바로 직전에 논이 있었다. 광평리 우리 집 앞 포항이라는 저수지에서 수로가 닿아 저수답이고 기름지며 소출이 좋은 곳이라고 설명하셨다. 어머니, 누나, 그리고 세 번째로 초등학교 3학년인 나에게 질문하셨다. 내가 알기는 뭘 알까마는 "예, 아버지 말씀대로이고 거기는 집에서 가깝고 소 수레가 들어갈 수가 있어 참 좋겠네요" 했다. 소 수레가 논에까지 들어갈 수 있다는 것은 대단히 좋은 조건이다. 수레가 바로 들어가지 않으면 수레가 있는 곳까지 곡식 단을 날라야 하기 때문이다. 모두 찬성하니 계약하셨다.

물론 소소한 질문은 많이 해왔지만, 큰일로서는 처음이었다. "네 생각은 어떠냐?"고 물으시니 주인의식이 생기고 책임감이 느껴졌다. 그 이후로는 무엇이든지, 특히 우리 집안에 대한 것을 대충 생각하지 않았다. 누가, 언제, 어디서, 무엇을, 어떻게, 왜라는 생각을 하면서 살았다. 가족에 대한 문제와 세상의 모든 문제도 내가 주역이 되어 풀어야 했다. 무엇이든지 적극적으로 생각하고 스스로 문제 해결책을 생각해야 했다. 할아버지가 나가실 때 내가 어떻게 하고, 돌아오실 때는 어떻게 해야 하는가? 친척의 문제, 동생들의 문제는 어떻게 돌봐야 하는가? 부모님은 어떻게 도와드려야 할 것인가? 또한, 사회의 모든 문제 역시 나름대로 해결하기 위해 응용해나가면서 내 문제로 이해했다. 무조건 내가 옳으니 내가 하는 대로 하라고 하시는 할아버지의 방법과는 너무나 대조된다. 지금 생각하면 아버지의 이런 방식이 나를 성장시키고 변화시켰다.

어머니는 그 어떤 교육학자보다 뛰어난 교육자셨다. 어머니는 칠남매 중 막내이자 다섯째 딸로 태어나서 항상 조용조용히 가르치시는 어머니 밑에서 교육을 받으며 오빠와 네 명의 언니들의 사랑을 받으며 살았다. 오빠와 언니들 덕택에 아무도 함부로 할 수 없는 위치였다. 그래서 항상 자신감이 충만하셨다.

어머니는 우리를 키우실 때 항상 칭찬하시고 꾸중을 하지 않으셨다. 누나와 정효 고모는 자매처럼 항상 같이 다녔다. 둘은 너무나 모범적으로 잘했다. 서로 경쟁하는 마음에서 더 잘했을 것이다. 어머니는 한 번도 이 두 사람에게 큰소리를 내는 일이 없었고 칭찬만 했다. 그래서 누나는 누가 큰소리를 치면 깜짝 놀라서 울기까지 할 정도였다. 나는 공부는 열심히 하지 않으면서 자신감만 충만해서 성적이 좀 안 좋았다. 성적표를 받아오면 "너는 조금만 더 열심히 하면 일등을 하겠구나. 다음 학기는 좀 더 열심히 해라!"고 하셨다. 동생들에게도 꾸중을 하지 않고 "더 잘할 수 있겠다. 조금만 더 열심히 하면 된다"는 말을 하셨다.

시골 동네는 도회지와 달리 시간적인 여유가 있어 심심해서인지 사람들의 흉을 보는 사람들이 많다. 어떤 사람이든 흉이 어찌 없겠는가! 우리 어머니는 바쁘기 때문에 그들과 어울릴 시간이 없으셨다. 혹시 어울리더라도 남의 칭찬거리만 이야기하셨다. 남이 흉을 보면 "그래요? 아닐 텐데…" 그런 말만 하기 때문에 싸움에 낄 일이 없었다. 또 자기들을 칭찬하는 소리가 돌아서 그 사람들의 귀에 들어가니 모두가 어머니를 좋아했다. 또한, 책을 읽고 불편한 것을 해결해주기 때문에 궁금한 것이나 문제가 생기면 우리 어머니에게 가지고 오고 조언을 받으셨다. 말 잘 안 듣는 아이들도 잘 달래서 좋은 길로 인도해주니 어머니들이나 아이들이 모두 좋아했다. 그리고 우리 밭이나 논에 김을 매러 오는 사람들에게 재미있는 이야기를 들려주고 노래를 가르쳐주고 함께 부르니 모두가 어머니와 함께 일하고 싶어 했다.

아버지는 작은 일에도 나의 의견에 귀를 기울이시고 옳다고 생각되면 흔쾌히 응답하셨다. 내가 초등학교 5학년 때의 일이다. 9월이 생일인 동생 충호가 다음 해에 만 5세가 되기에 조기입학을 시키면 좋겠다고 건의했다. 일찍 학교에 가 공부를 해서 1년 일찍 졸업하면 앞으로 사회에 큰 인물로 진출할 때 유리할 것이라 생각했다. 아버지는 가만히 생각하시더니 네 생각도 옳다고 하시면서 그렇게 하기로 결정하셨다. 다른 어른들 같으면 어린 네가 무엇을 아냐며 무시하셨을 수도 있으나, 나의 뜻을 존중해주시고 검토해주셨다는 것이 지금 생각해도 참 감사하고 놀랍다. 우리 아버지는 식견이 남다르셨다. 이렇게 해서 충호가 조기입학을 했다. 그러나 충호는 생각만큼 잘 적응하지 못했다. 추운 날 등교할 때는 업고 다녔다. 간혹 우리 반 복도에 와서 있으면 달래서 반에 들여보냈다. 어느 토요일, 내가 오전 수업을 받고 있을 때의 일이다. 충호가 우리 교실 밖에서 울면서 기다리고 있었다. 옷에 실수한 것이다. 집으로 가는 길의 냇가에서 벗겨서 전부 씻기고 속옷을 빨아서 입혀 데리고 왔다. 많이 노력했으나 첫 번째 건의인 동생 충호의 조기입학은 다음에 다시 1학년을 다니기로 하고 끝을 맺었다.

상무대는 대한민국 육군의 최대 군사교육 시설이며, 교육을 받는 대위급 장교들을 위한 아파트를 광산군 마륵리에 지었다. 그곳의 상가로 장소를 옮기는 것도 역시 회의했다. 물론 모두가 찬성했다. 우리는 당분간 현재의 북동에 그대로 살고, 사촌 매형의 모터 가게가 들어왔다. 할머니가 살림을 도와주셨지만, 어머니는 두 집을 오가며 일이 배가 늘어난 셈이다. 여동생 혜숙이도 같이 거들며 한몫했다.

무슨 일이든 민주적인 회의로 문제를 해결해나가고, 마을 사람들이 문제를 가지고 오면 자신의 문제보다 우선해서 해결해주셨던 아버지는 마을의 든든한 형님이자 어른이셨다. 어머니는 현대적인 교육 방법으로 큰소리 내지 않고 조용조용히 칭찬하고 격려하며 가르치는 훌륭한 교육자셨다. 마을에서는 재미있고 긍정적인 이야기로 가르쳐주는 선생님이었고, 마을 부인들 간에 싸움이 생기면 양편에 좋은 말을 하는 사랑의 중재자이셨다. 또한 위트가 풍부하셔서 잘 웃기시는 코미디언이셨다. 95세이신 지금도 힘 있게 찬송을 하시며 가요무대를 잘 따라 하시는 가수이기도 하시다.

민주적인 회의는 적극적이고 주인의식을 갖는 사람으로 만들고, 칭찬과 격려의 교육은 자신감 있고 긍정적인 사람으로 만든다.

생각과 상상만으로
의사의 길을 미리 걷다

　나는 우리의 이웃 모두를 사랑한다. 살아 있는 모든 것을 경외하는 성자, 알버트 슈바이처(Albert Schweitzer) 박사를 아는가? 세기의 과학자 아인슈타인(Einstein)은 슈바이처 박사를 이렇게 표현했다. "우리들의 슬픈 시대에 한 사람의 위인이 살고 있다." 인간이 받을 수 있는 가장 아름다운 찬사이며, 당연한 표현이라 생각한다.

　슈바이처 박사는 1875년 1월 14일, 프랑스의 알자스 카이제르스베르크에서 출생해 슈트라스부르크 대학에서 철학과 신학을 배웠다. 1899년에는 철학박사 학위를 받고, 그 이듬해 신학 박사학위를 받았다. 또한 《라이마루스에서 브레데까지》라는 저서로 예수 역사 연구 분야에서 인정을 받았다. 그는 《예수 전 연구사》와 《바울의 연구》 등 저서를 펴내 새로운 기독교의 종말관적 성격을 분명히 하고, 탁월한 신학자의 자리를 차지했으며, 철학의 영역에서는 《문화철학》을 서술해 생명의 존엄을 윤리관의 주된 표현으로 보아 주목을 끌었다. 또한, 음악가로서는 우수한 오르간 연주자이고 바흐의 연구로도 알려졌으며, 그의 오르간 제작에 관한 규정은 국제적 규정이 되었다. 그는 의학을 전공해 적도 직하 아프리카 가봉에 건너가 원시림 속에 병원을 세우고 흑인들에게 전도해 그들의 벗이 되어 인술을 베푸었다. 한편 국적과 사상 및 인종을 초월한 봉사 활동으로 원시림의 성자라 해 1952년 노벨평화상을 받았으며, 1965년 9월 4일 그곳에서 세상을 떠났다.

카이제르스베르크에서 보낸 유년 시절은 슈바이처의 전 생애에 막대한 영향을 미쳤다. 루터교 목사인 아버지는 아들이 《성경》를 읽으며 궁금해하는 내용을 알기 쉽게 설명해주었고, 성찬 예배 시 아프리카 사람들의 비참한 삶을 자주 설교의 주제로 삼아서 슈바이처가 가난한 사람들에 대해 관심을 가지게 했다. 또 주변 교우들의 대부분이 가난한 농부였기 때문에 그는 자연스럽게 가난한 사람들에게 관심을 가지게 되었다.

그에게는 한 가지 뚜렷한 인생철학이 있었다. "나는 30세가 될 때까지 학문과 예술을 위해 살도록 허락받았다. 그 후에는 직접 인간을 위한 봉사에 이 몸을 바치리라"는 것이었다. 그는 자신이 유복한 가정에서 마음껏 공부하는 것을 늘 미안하게 생각하며 자신의 행운을 사회에 환원해야 한다고 생각했다. 그의 고민거리는 단지 그것을 실천하는 방식이었다.

30세가 되던 해 가을, 그는 파리의 선교사협회 홍보물에 있는 아프리카 콩고 지방의 비참한 상태를 읽고 자신이 할 일이 바로 의료봉사임을 깨닫게 되었다. 대학에서 신학을 가르치던 전도양양한 젊은이 슈바이처는 1905년 의과대학에 진학해 1912년에 의학박사학위를 받았다. 의과대학을 졸업했지만, 모든 것이 끝난 것은 아니었다. 현지에서 병원을 짓고 운영할 막대한 자금을 해결해야만 했다. 그는 출판한 책의 인세와 약간의 사재를 모아 아프리카로 떠났다. 곁에는 간호사 일을 맡아줄 아내 헬레네 브레슬라우(Helene Bresslau)가 있었다.

1913년 3월, 38세가 된 슈바이처는 아프리카의 랑바레네에 도착했다. 이곳은 적도의 남쪽 약 60㎞ 지점으로 프랑스 선교단의 거점이기도 했다. 지금의 가봉 공화국인 그곳에서 슈바이처는 병원을 건설하기 시작했다. 도착하자마자 환자들이 밀려들기 시작해서 초기에 닭 사육장이었던 곳을 임시로 수리해 진료를 시작했다. 아프리카인들에게 만연되어 있는 질병은 너무나 많았다. 파상풍, 이질, 말라리아, 폐렴, 수면증, 나병, 정신병, 폐결핵 등 헤아릴 수가 없었다. 그의 작은 진료소는 아프리카인들의 작은 희망으로 자리 잡았다. 그러나 제1차 세계대전의 포화는 이 작은 병원을 지나치지 않았다. 독일 국적을 가진 그가 프랑스 군인들에게 체포되어 전쟁포로로 억류된 것이다. 그 후 독일이 제1차 세계대전에서 패하고 나서 슈바이처의 고향인 알자스가 프랑스 영토가 되었다. 그는 프랑스 식민지인 가봉에서 자유롭게 활동하기 위해 국적을 프랑스로 바꿨다. 그리고 7년 만에 랑바레네 병원으로 돌아왔다.

그는 지난번보다 더 큰 규모의 병원을 지었다. 농지를 개간해 식량을 자급자족하고 간호사와 의사들의 수도 늘렸다. 그의 봉사 활동이 대외적으로 알려지자 수많은 봉사자들이 그의 병원을 찾아 들었다. 그들의 도움으로 슈바이처의 병원은 한결 수월하게 운영 되었다. 그는 나병 환자 거주지도 추가로 세웠다.

'생명에 대한 경외'라는 그의 철학은 살아 있는 모든 생명체에 대한 윤리원칙으로, 문명의 존속에 가장 중요한 원칙이다. 슈바이처의 병원은 현재 가봉 정부에 의해 슈바이처 평화기념병원으로 존속되고 있다. 슈바이처는 그의 회고록에서 이런 말을 남겼다. "나는 우리의 운명을 알지는 못하지만, 한 가지만은 확실히 알고 있다. 정말로 행복할 수 있는 사람은 오직 봉사란 어떻게 해야 하는 것인지를 끊임없이 탐구해 깨달은 사람일 것이라는 점이다."

우리의 슬픈 세상 속에 또 하나의 별, '국경없는의사회'가 있다. 1968년 5월, 파리 혁명의 열기 속에서 우수한 젊은 의사들이 전쟁과 재난 지역의 피해자들을 직접 찾아가 돕기로 했다. 그들이 주도한 새로운 흐름의 인도주의는 긴급구호의 개념을 변화시켰고, '국경없는의사회'의 시초가 되었다. 〈국경없는의사회 홈페이지 참조〉

흑백 텔레비전 화면을 통해 68혁명을 접한 이래, 프랑스 국민들은 지금까지 볼 수 없었던 또 다른 종류의 끔찍한 장면을 접하게 된다. 세계 오지에서 굶주림으로 죽어가는 어린아이들의 모습을 사상 최초로 텔레비전 방송을 통해 보게 된 것이다.

당시 나이지리아 남부의 비아프라는 분리 독립을 선언했다. 나이지리아군이 이 작은 지역을 봉쇄하면서 비아프라 주민들은 기아로 생명을 잃어갔고, 프랑스 적십자사는 자원봉사자들의 참여를 호소하기에 이른다. 수년간 국제적십자위원회에서 의료 자원봉사 활동을 해온 의사 막스 레카미에(Max Recamier)와 파스칼 그렐레티-보스비엘(Pascal Greletty-Bosviel)은 무력 분쟁이 일어나는 와중에서도 정기적으로 응급 치료 활동을 지속했다. 보통 사람들이 알고 있는 것과는 달리 적십자사는 결코 의료 단체가 아니다. 막스 레카미에는 "파스칼과 나는 적십자사가 아는 유일한 의사들이었다. 예멘에서 이들과 함께 일한 적이 있기 때문이다. 결국 적십자사는 우리에게 의사를 찾아달라는 요청을 했다. 첫 번째 지원자가 베르나르 쿠시네(Bernard Kouchner)였다. 이제 막 공부를 마친 상태에서도 그는 비아프라로 가겠다고 선뜻 나섰다"고 말했다.

그렇게 총 여섯 명이 한 팀을 이루어 비아프라에 있는 국제적십자위원회 활동 현장으로 가게 된다. 막스 레카미에, 베르나르 쿠시네, 그리고 임상의 두 명, 간호사 두 명이 동행했다. 유혈이 난무하는 교전 지역에 내던져진 경험은 풋내기 의사들에게 그야말로 충격이었다. 이들은 빈번하게 나이지리아 무장군의 과녁이 되던 병원에서 전쟁 부상자들을 수술해야 했다. 레카미에와 쿠시네는 주변을 봉쇄한 군인들 때문에 민간인들이 목숨을 잃고 굶주리는 모습을 목격하면서, 세계가 이 상황을 알아야 한다고 생각했다. 그래서 두 사람은 나이지리아 정부를 공개적으로 비난하는 동시에 정부에 동조하는 듯한 태도를 취하는 적십자사에 대해서도 비판했다.

이후 3년간, 다른 의사들도 목소리를 높이기 시작했다. '비아프라인들(Biafrans)'로 알려진 이 의사들은 기존의 인도주의 관행에 의문을 제기하는 새로운 형태의 인도주의를 실천하기 시작했다. 이 새로운 인도주의는 정치와 종교의 경계를 넘어 고통받는 이들의 안녕을 최우선으로 여겼다. 1971년, 의학 관련 잡지 〈토누스〉 소속 언론인이었던 레이몬드 보렐(Raymond Borel)과 필립 베르니에(Philippe Bernier)는 재난의 한가운데서 고통당하고 있는 사람들, 대재난의 여파에 시달리는 사람들을 도울 수 있는 의료 단체를 설립하자는 호소문을 발표했다. 그때, 자체적으로 긴급 의료 대응 단체를 구축하려 했던 '비아프라인들'이 이 일에 뛰어들었다.

1971년 12월 22일, 국경없는의사회가 공식적으로 설립되었다. 당시의 국경없는의사회는 의사, 간호사, 그 외 스태프 등 300명의 지원자로 구성된 단체였고, 그중에는 열세 명의 설립 의사와 언론인도 포함되어 있었다. 국경없는의사회는 성별, 인종, 종교, 정치적 성향을 떠나서 누구나 의료 서비스를 받을 권리가 있다는 신념과 '사람들에게 필요한 의료 지원이 국경보다 더 중요하다'는 신념을 바탕으로 설립되었다.

국경없는의사회 최초의 임무는 니카라과의 수도 마나과에서의 구호 활동이었다. 1972년에 발생한 지진으로 도시 대부분이 파괴되었고, 1~3만 명이 사망한 지역이었다. 1974년, 온두라스에 몰아닥친 허리케인 '피피'가 큰 홍수를 초래하며 수천 명의 목숨을 앗아간 후, 국경없는의사회는 현지인들을 돕기 위한 구호팀을 구성하기도 했다. 이후 1975년, 처음으로 대규모 의료 프로그램을 마련해 폴 포트(Pol Pot) 독재정권의 압제에서 피난 온 캄보디아 난민들에게 의료 지원을 제공했다.

하지만 이러한 첫 임무들을 수행하는 동안, 신설 인도주의 단체로서의 국경없는의사회의 약점들이 눈에 띄기 시작했다. 부족한 준비, 의사들에 대한 미비한 지원, 게다가 의료 물품 공급망까지 정상적으로 돌아가지 않았다. 그래서 체계적인 조직을 원했던 구성원들과 소규모 게릴라 성격의 긴급 구호 의사 단체로 남기를 원했던 구성원들 사이에 갈등이 심했다. 1979년, 국경없는의사회를 보다 체계적인 조직으로 만들 것인지, 게릴라 의사 단체로 남을 것인지를 놓고 투표를 했다. 그 결과, 80%의 구성원이 조직화에 표를 던졌다.

어느 날, 병원에 부산에서 외과 병원을 개원하고 잘나가던 조재선 박사님이 파키스탄 의료선교사로 지원해서 인사차 오셨다. 선교지는 인도와 파키스탄이 자주 분쟁을 일으키는 카라치란다. 이슬람교도들은 기독교인들을 죽여도 죄가 되지 않는다고 한다. 그가 세상 모든 영화를 뿌리치고 분쟁지역에 간 것은 목숨을 건 것이다. 간혹 무장 단체에서 직원을 납치해 죽이기도 한다. 원장인 조재선 박사님도 뺨을 맞고 수욕을 당했다. 군인들이 총을 들고 근무하고 있어서 언제든지 사살될 수 있는 것이다.

슈바이처 박사와 국경없는의사회, 조재선 박사님의 '생명 존중' 사상은 마른 땅에 내리는 단비와도 같다. 이것도 누군가 가르쳐 주는 사람의 교육에 의해 심겨지고 싹이 난 것이다. 사랑이 없는 세상은 살인과 죽음뿐이다. 비가 내리지 않는 척박한 땅과 같다. 생명을 존중하는 사상은 사랑의 접착제와도 같다. 이러한 정신이 우리 가정의 혈맥에 흐르고 있어서 나와 우리 집안에서 여러 명의 의사가 배출된 것으로 생각한다.

쓰임받기 위해
내과 의사가 되다

　전공과목 중에서 의학처럼 광범위한 것이 없다. 그만큼 하는 일도 다양하다. 의학 분야를 간단히 분류하면 기초의학, 사회의학, 임상의학으로 대별된다. 기초의학은 임상의학에 대응하는 말이고, 환자를 직접 접촉하는 일이 없이 의학의 기초적인 지식을 연구하는 의학의 근간을 이루는 영역이다. 해부학, 조직학, 생리학, 생화학, 약리학, 병리학, 미생물학, 기생충학, 공중위생학, 법의학 등이 주요한 과목이다. 사회의학이란 공중위생학, 법의학, 병원관리학 등이다. 임상의학이란 내과, 외과, 소아청소년의학과, 산부인과, 흉부외과, 정형외과, 신경외과, 성형외과, 이비인후과, 안과, 피부과, 비뇨기과, 정신건강의학과, 영상의학과, 마취통증의학과, 응급의학과 등 병원에서 실제로 환자를 대상으로 치료가 행해지는 분야다.

사회의학은 예방의학적 내용을 기초로 한다. 예방의학은 개인의 질병 예방이 중심이 된다. 공중보건학은 예방의학적 내용을 기초로 일반 대중의 건강을 증진시키는 실천 위주의 학문이다. 이러한 의학의 구분만도 더 세부적으로 하려면 많은 설명이 필요하다.

그래서 학점도 한 과목이 16학점씩 실로 많은 학점을 받아야 학년 진급이 가능하다. 이 중에서 1과목만 학점이 미달되면 유급이 되어 다시 수강하고 학점을 얻어야 한다. 그래서 의과대학이 6년제라면 평균 7.7년 이상을 다녀야 의사가 탄생한다. 한 사람의 전문 의사가 탄생하려면 인턴을 마쳐야 한다. 인턴을 마치고 자기가 원하는 전공을 하려면 재수하는 수도 있고, 4년의 전공의 과정을 밟아야 하며, 박사 코스와 마찬가지로 제1저자인 자기 논문과 제2저자 논문이 한 편 이상이 있어야 전문의 시험에 응할 수 있다. 그리고 남자의 경우는 39개월의 군 복무를 해야 한다. 이렇듯 한 사람의 전문의가 태어나려면 14~16년쯤 걸린다. 의사는 적성에 맞아야 되고 긴 시간을 감내해야 한다.

의사가 되면 이 많은 전공과목 중에 어떤 과목을 선택해야 할지도 고민 중 하나다. 과목 중에는 생명과 연관되어 위험에 항상 노출되어 있는 중요한 내과, 외과, 소아청소년과, 산부인과, 흉부외과, 신경외과, 응급의학과 마취과 등이 있다. 무슨 일이든 위험도가 높으면 거기에 상응하는 보상이 따라야 하는데, 우리나라는 과학적이거나 이성적인 의료체계가 아니기에 위험도가 적고, 경제성이 있는 곳에 지원율이 높다. 따라서 우리 국민을 보호하는 양질의 의료가 발전할 수 있는 여건이 되어야 할 것이다.

나는 선택 기준이 달랐다. '어떤 과목이 사회를 변화시키는 데 큰 역할을 할 수 있을까?'로 선택의 기준을 정했다. 위험하지만 생명과 관계되는 임상과 더 범위를 좁히면 내과와 소아청소년과를 전공하겠다고 생각했다. 그리고 나는 환자들과의 관계가 제한되는 것이 아니라 환자들과 수시로 소통할 수 있는 병원을 개원하는 의사가 되기로 했다. 소아청소년과는 어렸을 때부터 관계를 돈독히 해 신뢰를 쌓으면서 그 아이의 삶에 영향을 끼칠 수 있다. 진단학책에 나오는 환자와 의사가 소개하고 신뢰하며 소통하는 '라포르(rapport)', 즉 친밀한 유대관계가 형성되어야 좋은 치료가 시작되는 것이다. 내과는 어른 환자를 진료할 수 있으나 그들은 이미 자아가 굳어져 있어서 잘못된 대로 살려고 할 것이기 때문에 소아청소년과를 선택하는 것이 더 좋을 것 같았다. 그러나 실제 개원하면 내과 환자를 진료하면서 소아청소년과 환자를 같이 진료할 수가 있어서 내과가 더 좋다고 생각했다.

병원을 개원해보니 소아과 환자를 많이 진료하게 되었다. 생명을 살리는 내과를 전공하고 진료하니 기도하지 않고 치료할 수가 없었다. 병의 치료가 교과서대로만 할 수 있다면 좋겠지만, 교과서대로 했는데도 환자의 경과는 천차만별이었다. 그나마 우리는 의료보험의 방해로 교과서대로 진료할 수 없었다. 때로는 교과서대로 치료했는데도 환자의 생명이 오락가락해 구급차를 불러서 병원 진료를 중단하고 환자를 실어 종합병원으로 달려야만 하는 경우도 있다. 우리나라의 의료제도는 의사에게 벌주는 제도는 잘되었지만(환자는 다른 생각인 경우도 있지만), 환자를 살리려는 의사를 보호하는 제도는 전혀 없다. 환자의 생명이 촌각을 다투고 있는데 길이 막혔다고 생각해보라. 예전에는 구급차가 지나가도 비켜주는 법이 없었다. 만약 환자가 돌아가면 내 의사 생명도 함께 끝나는 경우가 있다. 의료사고가 나면 병원 문만 닫는 것이 아니고, 때로는 자살하는 의사도 있다. 의가협이라는 데에서 병원 앞에 천막을 치고 협박하며 괴롭게 하는 경우가 있었다. 의가협이라는 단체는 폭력단체였고, 해결하면 보상금을 나눠 가져서 결국은 그들도 법에 의해 처벌받게 되었다. 수많은 개원의가 시달림을 당해 전화만 와도 깜짝 놀랄 정도로 예민해졌다.

큰 병이 나서 입원하면 무턱대고 의사를 협박하는 사람이 있다. 따라서 환자를 검사할 때 철저하게 대비하지 않으면 안 된다. 한번은 충수돌기염을 수술한 환자의 보호자들이 와서 "왜 그때 놓쳤느냐? 치료비를 배상해달라"고 했다. "어느 의사가 그랬는지 말하라. 내가 검사해서 자료를 가지고 있으니 당장 그 의사 데리고 오라. 그 의사를 혼내주겠다"고 했더니 슬금슬금 사라져버렸다. 검사를 안 했고 우물쭈물했다면 꼼짝없이 당했을 것이다.

음식을 먹을 때 간혹 두드러기가 나는 사람이 있다. 음식을 잘못 만들어서가 아니라 그 사람이 그 음식에 대해 특별한 체질이기 때문에 이상 반응이 나타난 것이다. 이럴 때 음식점 주인에게 음식을 잘못 만들어서 또는 나쁜 음식을 주어서 두드러기가 났다고 배상을 청구하는 사람은 없을 것이다. 환자에게 약을 먹거나 주사를 맞아서 또는 특별한 음식을 먹어서 두드러기 난 일이 있는지 질문한다. 그런 일이 없었어도 새로운 약을 먹으면 발진이 날 수도 있다. 놀라운 것은 같은 성분의 약을 먹었음에도 제약회사에 따라서 효과가 조금 다를 수 있다. 어떤 약은 부작용이 날 수도 있다. 그러나 내가 개원할 초기에는 아무리 설명해도 못 알아듣는 무식한 사람이나 배상을 받기 위해서 막무가내 배상하라고 떼를 쓰는 사람들도 있었다. 또 어떤 사람은 퇴근한 후에 심각한 부작용이 나타나 숨쉬기가 곤란하다고 관리실에 와서 떼를 쓰기도 했다. 지금 증상이 어떠냐고 물으니 호흡곤란이 있다고 했다. 간략하게 누구에게나 약의 부작용이 있을 수 있음을 설명해도 계속 나에게 와서 치료해달라고 했다. 빨리 응급실로 가라고 해도 소용없었다. "호흡곤란이 오면 생명을 잃을 수 있는데 딸을 살리는 것이 우선 아니냐? 따질 시간이 없으니 빨리 응급실로 가라"고 호통쳤다.

한 사람은 명치가 약간 답답하다고 왔다. "일단 약을 먹어보고 검사를 해보자"고 했다. 다음 날 찾아와서 협심증이 있어서 시술을 하게 되었다고 말하며, 그것도 몰랐느냐고 한다. "그러니 검사가 필요하다고 하지 않았느냐?"고 답변했다. 의사는 하나님이 아니고 사람이다. 하지만 어떤 이들은 의사를 대할 때는 사람으로 대하지만, 평가할 때는 하나님의 잣대로 평가하고 처벌하고 배상하라 한다. 어떤 의사는 의료사고가 나, 검사에게 가서 반말로 하대받으면서 시달리고, 판사에게 가서 시달린 후 너무나 화가 나서 재판 끝나고 공부해서 사법고시 7등으로 합격해서 법관이 되었다고 한다.

의사는 어떠한 일이 있어도 환자가 잘되기 위해 최선을 다한다. 그 첫째는 환자의 생명이 걸렸는데 어찌 소홀하겠는가? 둘째는 법 앞에 심판을 받아 배상해야 하니 어찌 최선을 다하지 않겠는가? 셋째는 환자의 치료가 잘되지 않으면 모든 가족이 등을 돌리고 원수처럼 되니 최선을 다하지 않을 수 없다.

의사를 아프게 하는 것은 다른 병원에 가더라도 화해가 되면 좋겠는데 화해가 되지 않는 데 있다. 의사가 잘못이 아닌, 병의 경과가 그럴 수밖에 없는데도 의사가 병을 만든 듯한 태도를 취한다. 의사가 미안하다 하면 의료사고를 낸 것으로 되어 배상해야 되고, 더욱 원수처럼 되기에 화해가 불가능하다.

수십 년 전, 모 대학 신경외과 교수가 허리 수술을 시행한 환자에게 하반신 마비가 왔다. 그 교수의 부인이 3년간 파출부 노릇을 했다는 일화가 있다. 그 부인은 얼마나 힘들고, 교수는 얼마나 괴로웠을까.

의사가 되는 길은 길고 험하다. 돈을 잘 벌거나 취업이 잘되려고 의과대학에 지원했을지라도 결국은 환자의 생명을 연장하고 편하게 하려는 목적을 가지고 일한다. 나 역시 사람을 살리는 의사가 되고 싶어 내과를 선택했다. 얼마 전, 94세에 돌아가신 내과 선생님처럼 오래 봉사하고 싶다.

보석은 용광로를
통과해야만 하나

여러분은 남과 다른 무엇을 가졌는가? 에이브러햄 링컨(Abraham Lincoln)은 1809년 서부 개척지였던 켄터키 주에서 태어났는데, 오랫동안 방 한 칸짜리 통나무집에서 살아야 했다. 아버지의 노력으로 잠깐 나아진 때도 있었지만, 일곱 살 때 재산을 잃고 풍비박산났다. 자애롭고 강인한 어머니 낸시 링컨(Nancy Lincoln)은 어린 링컨에게 《성경》을 읽어주며 읽고 쓰는 법을 가르쳤으며, 진심 어린 사랑으로 돌본 현명하고 자애로운 분이셨다. 그러나 링컨이 아홉 살 때 그녀는 세상을 떠났고, 링컨은 새어머니를 맞이하며 경제적·정서적으로 힘든 생활을 해야 했다. 청소년기에는 가난에서 벗어나려고 막노동과 점원 일 등 닥치는 대로 일했다. 스물두 살 때 집을 떠난 링컨은 뱃사공, 가게 점원, 우체국장, 측량기사 등으로 일하면서도 손에서 책을 놓지 않고 지독한 열성으로 주경야독했다. 스물세 살에 사업을 시작했으나 뜻대로 되지 않아 접어야 했다. 이듬해 정치인으로 변신해 의미 있는 일을 하면서 먹고살 길을 찾으려했으나 주의회 선거에서 떨어졌다. 후에 다시 사업을 시작했으나 1년 만에 또 접어야 했다. 그즈음에 혼자 공부해 변호사 자격을 얻었다. 그리고 스물여섯 살에는 다시 선거에 도전해서 일리노이주의 의원으로 당선되었다.

하지만 가난은 그의 곁을 떠나지 않았다. 심지어 스물여덟 살때는 결혼을 약속한 여인마저 병으로 세상을 떠났다. 그때 그에게 들리는 목소리는 이러했다. "나는 무엇을 해도 안 되는 놈이구나. 결국 실패할 운명을 타고난 놈이구나." 결국 그는 신경쇠약으로 정신병원에 입원하게 되었다. 2년 후 서른 살이 되었을 때, 긴 요양 끝에 힘을 얻었으나 하원의원 선거에서 또 떨어졌다. 서른두 살에는 대통령을 뽑는 선거인단 선거에서 또 떨어졌다. 막막한 심정에서 정치와 거리를 두고 생계를 위해 국유지 관리관 시험에 응시했으나 떨어졌다. 자기를 도와주지 않는 다른 정치인들의 오만함과 사회에 대한 분노도 생겼다. 서른여섯 살에 다시 하원의원에 도전했지만, 공천조차 받지 못해 선거에 나가지 못했다.

그 뒤 변호사로 정직하게 살았지만, 다른 변호사와 비교할 수없을 정도의 수입으로 살았다. 그래도 정의로운 세상을 만들기 위한 꿈은 포기할 수 없었다. 1855년 마흔다섯 살에 상원의원 선거에 나가서 낙선했다. 그리고 이듬해에 부통령 선거에 나섰지만 낙선했다. 쉰 살에 상원의원에 나섰지만 또 낙선했다. 상원의원 선거에서 떨어지고 레스토랑으로 달려간 일화다. "나는 배가 부를 만큼 맛있는 요리를 실컷 먹었다. 그다음에는 이발소에 가서 머리를 단정하게 손질하고 기름도 듬뿍 발랐다. 이제 아무도 나를 실패한 사람으로 보지 않을 거다. 왜냐하면 내 발걸음에 다시 힘이 생겼고 내 목소리가 우렁차니까. 이런 나를 보면서 어떤 기자가 물었다. 어떻게 그 많은 실패에도 다시 힘을 낼 수 있느냐고. 그래서 나는 이렇게 대답했다. '나는 실패할 때마다 실패에 담긴 뜻을 배웠고 그것을 징검다리로 활용했습니다.' 악마는 실패할 때마다 '너는 끝장이다'라고 말했지요. 그러나 신은 내가 실패할 때마다 '이번 실패를 통해 더 큰일에 도전하라'고 하셨습니다. 나는 악마의 속삭임보다 신의 목소리에 더 귀를 기울였어요. 그래서 실패에 좌절하지 않고 더 큰 꿈을 향해 힘을 낼 수가 있었습니다."

그의 아버지 토마스 링컨(Thomas Lincoln)은 가난할 뿐만 아니라 사인할 때 이름을 서툴게 쓰는 것을 빼놓고는 글씨를 써본 적이 없는 사실상의 문맹이었다. 목수와 농장 일꾼으로 전전하는 처지였다. 다행히 새어머니 세라 부시 링컨(Sarah Bush Lincoln)은 링컨을 친자식처럼 사랑하며 그의 재능을 알아보고 제대로 가르치기 위해 최선의 노력을 다했다. 링컨은 아버지 토마스를 닮아 가난하지만, 재치 있고 남이 들려준 이야기를 기가 막히게 잘 외워서 전달했다. 그는 밤마다 손님이나 이웃들과 이야기 나누는 것을 좋아했다. 어른들에게 들은 이야기를 각색해서 친구들에게 들려주면 친구들은 넋을 놓고 듣곤 했다. 링컨은 이런 이야기꾼의 자질에 더

해 열정적인 독서욕으로 닥치는 대로 책을 읽었다. 새어머니는 이런 링컨을 방해하지 않기 위해 특별히 배려하며, 스스로 그만둘 때까지 계속 책을 읽을 수 있는 분위기를 만들어주었다. 성공하겠다는 굳은 결심과 의지, 그리고 엄청난 지식욕과 독서욕, 이 두 가지가 젊은 링컨이 지닌 남다른 두 가지 자산이었다.

링컨은 1855년 6월 특허권 분쟁에 관한 중요한 소송에서 변호인단 일원으로 참여했는데, 같은 측 변호사인 조지 하딩은 링컨을 "허름한 행색에 발목까지 내려오지도 않는 바지를 입은 볼품없고 깡마른 껑다리 촌놈"이라며 비하했다. 역시 같은 측 변호사인 에드윈 M 스탠턴(Edwin M. Stanton)도 "왜 저 긴팔원숭이를 끌어들였냐?"라며 공공연히 링컨을 무시했다.

그가 국민의 관심을 받은 것은 1858년 일리노이주 상원의원 선거에서 민주당의 스티븐 A. 더글러스(Stephen A. Douglas)와 벌인 공개 논쟁 덕분이었다. 더글라스는 노예제도 채택은 자치권에 속한다고 했다. 링컨은 "자치주의는 옳습니다. 이는 절대적이며 영원합니다. 그러나 제 오랜 신념은 모든 인간은 평등하게 태어났고, 인간이 다른 사람을 노예로 만드는 것과 관련된 도덕적 권리는 있을 수 없다는 것입니다"라고 말했다. 링컨은 이 선거에서 패했지만, 인상적인 연설과 토론, 그리고 확고한 신념으로 많은 사람을 매료시켜 1860년 공화당 대통령 후보로 올라 국민의 선택을 받았다. 그의 지도력은 노예해방을 이루었고, 자신을 무시한 에드윈 스탠턴을 국방장관에 기용해 남북전쟁을 승리로 이끌었다.

똑같은 원소도 어떤 환경을 통과했는가에 따라서 전혀 달라진다. 다이아몬드와 흑연은 같은 성분의 물질이다. 전혀 같은 것으로 여겨지지 않지만 태우면 똑같이 이산화탄소가 발생한다. 두 가지가 모두 탄소로 이루어졌다는 것이다. 또한 공기를 차단하고 다이아몬드를 가열하면 전부가 흑연으로 변한다. 반대로 흑연을 4만 5,000의 초고압에서 1,100도를 유지하면 다이아몬드가 된다. 다이아몬드는 자연에 존재하는 물질 중에 가장 단단하다. 우리가 연필심으로 사용하는 흑연은 우리의 손톱보다 연한 광물이다. 다이아몬드와 흑연은 본질은 같으나 그 존재 양식이 다를 뿐이다. 모든 물질은 원자라는 기본 입자로 되어 있다. 원자는 한 개일 때는 색이나 경도 같은 성질을 가지고 있지 않다. 그러나 여러 개의 원자가 모여서 어떤 크기의 물질이 되었을 때는 비로소 색이나 경도가 결정된다. 즉, 다이아몬드와 흑연의 원자는 같다. 그 원자가 모여서 배열이 달라질 때 상태가 달라진다. 그 구조가 달라지면 전혀 다른 물질이 되는 것이다. 그래서 다이아몬드는 투명하고 단단하며 최고의 값진 물건이 된다. 용도는 최고의 장식품과 단단한 물질을 자를 때나 가공할 때 사용된다. 흑연은 검은색의 연한 연필심이 되어 우리의 생각을 표현하는 도구가 된다.

용광로는 철광석을 탄소를 이용해 선철을 만들거나 납, 구리 등을 제련할 때 사용된다. 노상은 용광로 하부의 용융된 금속이 쌓이는 내화 벽돌이다. 풍구는 노상 꼭대기에 빙 둘러 설치되어 있는데 이곳으로 연소에 필요한 예열된 공기가 공급된다. 노상에는 용융된 금속을 빼는 출구와 위쪽에 불순물의 혼합물을 제거하기 위한 출구가 있다. 노상의 바로 위에 용광로 내부에서 가장 온도가 높은 부분인 보시가 있다. 용광로의 수명 연장을 위해 냉각수가 순환하는 관이 내부에 설치되었다. 보통 철광석을 코크스에 공급되는 탄소를 환원시켜 선철을 얻는 데 사용한다. 고온의 가스가 연소부에 발생해 노흉의 장입물을 가열하고, 노흉의 상부 가스 배출구를 통해 배출된다. 현재는 무거운 하중을 견딜 수 있는 탄소벽돌이 내화 물질로 개발되어 사용된다. 순도가 높은 금속을 생산하려면 이 뜨거운 용광로를 거쳐야 한다.

이번 미국 선거에서 당선된 조 바이든(Joe Biden)의 인생에서 그의 수많은 아픔을 본다. 그는 시라큐스 법대를 나온 후 델라웨어주에서 공익변호사로서 사회에 첫발을 내디뎠다. 돈 많이 주는 로펌의 제안도 있었지만, 독실한 가톨릭 신자였던 그는 약자를 돕고 싶었다. 변호사 개업 2년 뒤 사건 수임이 별로 없자 시의원에 출마해 당선되면서 정치인의 길을 걷기 시작했다. 그는 스물여덟 살의 젊은 나이에 아내와 딸을 교통사고로 잃고 두 아들을 혼자 키웠다. 이때부터 바이든은 아들과 함께하는 시간을 갖기 위해 워싱턴 의사당까지 매일 기차를 타고 다니기 시작했다. 기차 안에서 서민들과의 교류를 통해 대중친화력을 가진 정치인으로 알려졌다. 오바마 퇴임 때 다시 민주당 대선 후보로 거론되었지만, 걸프전에 참전했던 큰아들이 뇌종양으로 사망하면서 가족과 시간을 보내고 싶다며 정계 은퇴를 선언했다. 민주당은 후보들이 지나치게 좌 편향으로 쏠렸기에 은퇴한 그를 다시 소환했다.

대학 시절 그는 공화당 지지자였다. 공화당 출신의 델라웨어 주지사가 트럼프(Trump) 같은 인물로 정치를 망쳐서 반대당을 자처했다고 한다. 또한 부패 정치인 닉슨(Nixon)을 혐오했던 그는 민주당 간판으로 공화당 출신의 델라웨어 현직상원의원에 도전장을 냈다. 당시 민주당 측에 인물이 없었기에 거저먹은 후보 진출이었다. 선거자금과 정치 이력에서 훨씬 열세였지만, 서른 살의 패기로 발로 뛰는 선거전을 벌이면서 50.5%의 지지를 확보해 미국 역사상 여섯 번째 최연소로 배지를 달았다. 바이든은 린든 존슨(Lyndon Johnson)과 많은 면에서 닮은 꼴이다. 시대상도 그렇다. 파시스트 같은 인종차별주의자들과 흑인 인권운동이 격돌했던 1960년대가 지금과 닮은 꼴이다. 케네디(Kennedy)를 가장 혐오했던 동료 의원이 존슨이었다. 하지만 케네디는 대선 티켓을 잡자마자 자신을 커버해줄 최고의 런닝메이트로 존슨을 품었고, 물과 기름 사이였던 두 사람은 협력관계를 만들어냈다. 이후 존슨은 케네디가 이루지 못했던 민권법과 투표권 확대, 노인과 약자를 위한 메디케어, 메디캘 등 사회복지법을 통과시켰다. 베트남 전쟁으로 정치 인생을 마감했지만, 그가 아니면 할 수 없었던 일이다. 47년 정치경력을 보면 린든 존슨이 자연스럽게 떠오른다. 평화주의자 바이든은 우리의 남북관계에 기대를 갖게 한다.

어려운 가정에 태어나 희망을 가질 수 없는 여건에서도 희망을 가지고 꿈을 꾼다는 것은 참으로 소중하다. 수많은 실패에도 실패

는 성공의 징검다리임을 생각하고 많은 것을 배우면서 나아가야
할 것이다. 똑같은 자질을 가지고 태어났을지라도 극한의 압력과
어려움을 통과하면 다이아몬드와 같이 귀하게 쓰임받을 것이다.
우리는 저마다의 사명을 가지고 태어났다. 그 사명을 이룰 때까지
기다리고 충전해야 한다. 링컨과 조 바이든도 그 많은 아픔과 실
패의 용광로를 통과할 때, 그들을 통해 이루고자 하는 하늘의 뜻
을 이루었다.

터널을 통과하는 마음으로
지낸 과정

　당신은 고등학교 3학년 때 대학에 진학하기 위해 어떤 마음으로 공부했는가? 나는 세상에서 제일 열심히 공부하는 사람이 되겠다고 결심했다. 학교에서는 공부를 열심히 하겠다는 생각이 있는 학생들에게 공부할 수 있도록 진학 지도실을 만들어 제공했다. 그리고 우리나라에서 유명한 교수님을 비롯해 실력 있는 선생님들을 모셔다 강의를 들을 수 있게 해주었다. 윤리 선생님으로부터 옛날에 과거시험 공부하던 서생들의 이야기를 들었다. 천장에 상투를 매어놓고 졸리면 상투가 잡아당겨지도록 했다는 이야기대로 몸을 의자에 묶어놓고 공부를 하곤 했다. 졸음이 오면 세숫대야에 찬물을 떠서 발을 담그고 겨울에도 밖에 나가서 찬물을 끼얹으며 잠을 쫓았다.

　진학 지도실에서는 나보다 성적이 좋은 친구를 목표로 정하고

1시간 더 해서 그 친구를 추월하려고 계획했다. 그 친구가 잠을 잔후에 잠을 잤다. 그러다 보니 3시간 이상은 잠을 잘 수가 없었다. 밤에는 진학 지도실에서 공부하고 쪽잠을 자며, 새벽 6시경에 집에 와서 밥을 먹고 도시락을 싸 가지고 가서 공부했다. 저녁에는 동생이 도시락을 싸다 주었다. 결과는 어떻든 어떠한 학생보다 열심히 공부하는 것이 목표였다. 오가며 걸을 때도 외우면서 다녔다. 요령을 모르고 그저 열심히 한 것이다. 그렇게 여러 가지 시도를 하다 보니 점점 공부하는 요령도 터득하게 되었다. 그때는 예비고사를 치러서 예비고사에 합격한 사람만 본고사를 치르게 했다. 나는 공부를 열심히 한다고 동네에 소문이 났다.

예비고사가 끝나고 12월 발표일이었다. 가까이 사는 친구인 명규와 나는 이날 우리집에서 함께 라디오를 통해 합격자 발표를 듣게 되었다. 그런데 이게 웬일인가? 기독교 방송에서 발표하는데 명단에 내 이름이 나오지 않았다. 두 번을 다시 불러도 명규 이름은 나오는데 내 이름은 없었다. 우리 반 성적이 좋았는데 우리 반아이들 이름도 들리지 않는 것이 이상하기는 했으나 합격자 명단에 내가 없다는 생각에만 사로잡혔다.

교육청에 직접 가서 알아보기 위해 나와서 택시를 기다렸지만, 오랫동안 택시가 오지 않았다. 기다리는 동안 많은 생각을 했다. 하늘이 노랗고 깜깜해졌다. 예비고사마저도 떨어졌다면 동네에서 얼굴을 어떻게 들고 다니며, 내일 교회는 어떻게 간단 말인가. 나를 위해 애썼던 부모님과 가족들에게는 무슨 말을 할까? 한참 택시를 기다리고 있는데 명규가 뛰어왔다. 합격했다는 것이다. 아나 운서가 한 장을 빼고 불렀다는 것이다. 교육청에 가서 직접 확인하지 않고는 꺼림칙하고 믿어지지 않았지만 그래도 내 이름이 나왔으니 다행이었다. 나는 의과대학 합격을 목표로 열심히 공부했다. 그렇게 의과대학에 합격했다.

고등학교에 다닐 때, 대학생들은 모든 것이 느슨하고 자유스러워 보여서 부러웠다. 그래서 '대학에 가면 고등학교 때보다 좀 낫겠지' 생각했다. 그런데 입학 후 수업 첫날부터 도시락을 싸 가지고 가서 8시간씩 거의 매일 수업을 받아야 했다. 방학에는 여름과 겨울 성경학교와 교회학교 교사로 봉사해 공부할 시간이 부족하기도 했다. 다들 예과는 쉽다고 하는데 교양과목에 유전학, 물리화학, 유기화학, 분석화학, 모두 나에게는 쉽지 않았다. 글씨가 느리니 다른 친구들은 학교에서 노트 정리가 끝나고 외우기 시작하는데, 집에 가서 다시 노트 정리하고 한 템포 늦게 외우기 시작했다. 6년간 그런 식으로 공부하니 얼마나 지치던지!

의학과 시절에 좋은 교수님들을 만날 수 있었음에 감사드린다. 해부학의 김동창, 나세진(서울대학) 교수님, 조직학의 양남길 교수님, 생리학의 심동원, 신동운(서울대학) 교수님, 생화학 김창세 교수님, 약리학 이세규 교수님, 진단학 김목현 교수님, 정혜영 교수님과 그 외 여러 좋으신 교수님들께서 잘 지도해주셨다. 특히 나세진 교수님 같은 경우는 65세이셨는데도 항상 두꺼운 해부학 책을 한 손으로 들고 하루 1시간 반씩 네 번 강의하셨다. 그 힘과 정열이 정말 대단하셨다. 모든 교수님들의 강의가 열강이었다. 4년 동안 많은 분량의 학습을 해야 했기에 1학기가 끝나고 방학에는 해부학 실습을 보충했다. 해부학 시간에 선배들이 준 인체의 뼈들을 가지고 공부했지만, 실습실에 들어서자 코를 찌르는 포르말린 냄새가 대단했다. 구역질이 날 것 같았다.

친구 윤배는 "네 몸이 뼈와 가죽만 남아 실습 도구와 같다"고 놀렸다. 실습하는 도중에 힘이 들어서 영양 섭취를 잘해야 하는데, 고기를 한동안 먹을 수가 없었다. 실습실 생각이 났기 때문이다. 양남길 교수님의 조직학 시간에는 '땡 시험'이란 것이 있었다. 한 단원이 끝날 때마다 쪽지 시험을 치렀는데, 현미경을 열 대 두고 종이 '땡' 하고 치면 다음 슬라이드로 넘어가는 시험이었다. 이런 쪽지 시험 하나라도 점수가 잘 못 나오면 유급이 된다는 생각에 슬라이드를 해결하지 못 하고 지나가면 가슴이 철렁했다.

이렇게 공부하는 와중에도 집에 가서 일손이 바쁘면 연탄 배달도 하고 쌀 배달도 했다. 다른 친구들보다 훨씬 열심히 해서 다행히 6년 만에 졸업했다. 졸업하는 동안 온 가족이 힘들었다.

본과 4학년 때는 멀리 집에서 학교까지 다닐 수가 없어서 학교 바로 밑 5분 거리에 집을 얻어서 밤낮으로 열심히 했다. 동생 충호가 같이 와 있고, 초등학교 6학년 막내 여동생 진숙(지금 산부인과 원장)이가 같이 와 있겠다고 해서 세 명이서 같이 살게 되었다. 오빠를 도와주면서 와서 있겠느냐고 했을 때, 선뜻 그렇게 하겠다고 한 막내가 두고두고 고맙고 자랑스럽다. 동생이 도시락을 싸다 주기도 했고, 내가 가서 먹기도 하며 최선을 다했다.

나는 우리나라에서 제일 좋은 병원인 메디컬센터(당시에는 서울대학병원보다 더 좋은 국립 중앙의료원)에 시험 보려고 기를 쓰며 공부했다. 메디컬센터에 들어갈 꿈에 가까워오니 힘도 덜 들고 공부하는 것이 더욱 재미있었다. 이스라엘 사람들이 이동할 때 항상 법궤를 가지고 다니듯 나는 항상 《성경》을 가지고 다니면서 공부했다. 시작하기 전에 기도를 드리고 《성경》을 한 단락 약간 소리를 내면서 빠르게 읽어 집중하는 연습을 하고 공부했다. 피곤하거나 집중력이 떨어지면 책을 즉시 덮고 다시 집중이 될 때까지 《성경》을 읽고 공부하는 방식으로 했다.

1월 31일 경희대학에서 의사고시를 치루게 되었다. 며칠 미리 학교 앞의 여관에서 단체로 합숙했다. 시험장은 연탄난로를 피우기는 했으나 몹시 추웠다. 더군다나 출입문 바로 옆이니 발가락이 몹시 깨질 듯 춥고, 나는 문제를 천천히 푸는 데 반해 빨리 푼 수험생들이 내 앞으로 나가기 시작해 마음도 초조해졌다. 할 수 없이 감독관에게 감독관 앞 빈자리로 옮겨달라고 요청해 승낙을 받고 시험을 치렀다. 다행히 문제를 다 풀 수 있었다. 모든 시험이 그렇듯 지금까지 의과대학의 모든 과정을 통과했을지라도 의사고시에 불합격하면 의사가 될 수 없다.

무슨 시험이든 첫 번에 통과하는 것이 가장 쉬운 방법이다. 몇 번씩 다시 응시하는 사람이 있지만, 횟수가 많아지면 실력이 향상될 것 같은데 반대로 더욱 불안해져 합격 가능성은 낮아진다.

자녀들에게 공부하는 방법을 가르쳐주고 스스로 공부하게 해야 할 것이다. '열심히 공부하는 것이 제일 지능이 높은 사람'이라 한다. 나는 이 세상에서 제일 머리가 좋은 사람이다. 졸업반 때 공부해보니 집중력이 중요하다. 얼마나 집중하느냐에 따라 진도가 빨라지고 기억이 잘된다. 의과대학은 공부가 적성에 맞아야 하고 사명감이 있어야 끝까지 버틸 수가 있다. 나는 남이 하지 않는 교회 학교 교사를 하고 글씨를 빨리 못 쓰는 것이 멍에였다. 그동안에 어머님과 가족을 비롯해 나의 공부에 도움을 주신 모든 이들께 감사한다.

세상에 꼭 필요한 사람이
되는 것이 성공이다

당신은 성공이 무엇이라 생각하는가?

나는 이 세상에 사명을 가지고 태어난 사람이다. 그래서 우리 나라가 하나님의 뜻이 실현되는 천국이 되길 바란다. 잘되기를 바라서 교회학교 교사와 내과 의사가 되었다. 나를 통해 세상을 조금이라도 바꾸려는 뜻을 이루기 위해 나는 좋은 생각과 말과 행동을 하려고 노력한다.

메디컬센터에서 필기시험을 치르기 위해 매형(조영갑)의 배려로 을지로 6가의 병원 길 건너 을지 여관에서 1박을 했다. 우리 학교에서 유일하게 서울의 메디컬센터의 영상의학과(당시 방사선과)에 합격해 수련을 받게 되었다. 우리 학교의 자랑이자 의사고시에 수석 합격한 김성기와 군장학금을 받은 친구들은 군의학교 입학을 통해 군에 장교로 즉시 임관했다. 당시 우리 병원은 전국에서 봉급이 제일 적었다. 그래도 누구나 수련을 받고 싶은 가장 좋은 병원이었고, 좋은 병원일수록 봉급이 적었다. 4년 선배님들까지는 무급으로 밥과 숙소만 제공되었으나 선배들이 매년 데모를 해 처우가 개선되어 월급이 책정된 것이다.

우리는 36명의 인턴 중 18명이 서울대학 출신이고, 나머지는 연대, 가톨릭대학 각각 두 명씩, 이대 세 명, 고대 다섯 명, 충남대학 두 명, 경북대학 두 명, 경희대학 한 명, 전남대학 한 명, 조선대학에서는 내가 합격했다. 아이들을 변화시킬 수 있는 소아과에 들어가고자 했으나 그러지 못해 못내 아쉬웠지만, 그래도 합격했다는 것 자체가 기뻤다.

근무 전, 오리엔테이션을 일주일간 받았다. 각 과장님들이 자세하게 안내하셨고 꿈에 부풀어서 일주일이 금방 지나가게 되었다. 서울에서 고등학교와 대학을 나오지는 못했지만, 누구나 수련받고 싶어 하는 좋은 병원에 들어오게 되었으니 다른 방법으로 꿈을 이루었다. 의사는 취업할 때 어느 병원에서 수련받았는지가 가장 중요한 평가 이력이다.

일주일간 연수한 다음, 3월 1일부터 와서 근무하라고 했다. 2월 28일은 주룩주룩 비가 오는 질척한 날이었다. 시련의 시작을 알리기라도 하듯. 고속버스를 타고 서울에 와 병원에 도착해서 숙소에 짐을 풀었다. 장거리 여행 후 머리에 구름이 낀 것 같은 어리벙벙한 상태로 신경외과로 갔다. 인생 제2막이 시작된 것이다. 레지던트 1년 차 선배인 이상호 선생님(우리들 병원 이사장)이 수일 전에 와야지, 왜 이제 왔느냐고 야단이었다. 아무런 사전 상식을 가지지 못해 야단을 맞게 된 것이다.

인사를 하자마자 응급실에서 무의식인 환자를 영상의학과로 옮겨와서 경동맥 촬영을 시도했다. 경동맥을 검사용 주사로 찌르자 피가 솟구쳤다. 피를 보니 메스껍고 어지러울 뿐 아니라 배가 아프고 대변까지 마려웠다. 다행히 곧 적응되어 조수 노릇을 할 수 있었다. 쉬는 날임에도 계속 검사했다. 검사 준비가 끝나면 피가 멈추도록 압박하며 만일의 사태에도 대비해야 한다. 검사 결과를 보고 수술해야 할 경우는 신경외과에 대기해 있던 2~3년 차 선배님들이 환자 상태를 다시 점검하고 전문의 스탭 선생님들께 보고하고 수술을 하곤 했다.

3월 1일 아침, 검사할 피를 뽑을 시험관이 가득 담긴 통을 가지고 병실을 찾아갔다. 실제로 피를 뽑아보지 않았던 나는 뽑으며 기도했다. 무슨 일이든 처음에 잘되어야지, 잘되지 않으면 큰일이다. 다음에 할 일들이 계속 기다리고 있기 때문이었다. 다행히도 첫 번째 샘플링에서 피가 제대로 나와 계속 순조롭게 잘되었다. 그 후, 회진 준비와 환자 드레싱(상처를 치료하는 행위), 수술실에 가서 조수를 해야 하는 일 등, 많은 일들이 기다리고 있었다. 병원마다 다르지만, 우리 병원은 샘플링을 인턴인 의사가 하게 되어 있었다. 그렇게 하다 보니 혈관이 잘 감지되지 않는 환자까지 쉽게 주사를 놓을 수 있는 달인이 되었다.

중환자실과 응급실에서는 줄기차게 우리를 불렀다. 응급실에서 부르면 즉시 달려가야 했고, 때로는 순간을 다퉜다. 내내 등에 땀이 나도록 다녀도 중요한 환자들을 치료하고 있다는 생각에 학교에서 공부하는 것과는 비교할 수 없이 즐겁고 행복했다. 잠을 못 자는 것은 다반사였지만, 무의식 상태이던 환자가 눈을 뜨고 좋아지면 내가 의사가 된 것에 감사할 수밖에 없다. 환자를 돌보다 보면 식사 시간을 놓치는 경우가 대부분이어서 그때마다 선배님들이 밥을 사주셨다. 너무 잠을 못 자면 구름 위에 떠 있는 것 같다. 수술실에서 선배님들은 열심히 수술하고 있는데 나는 잠과 싸웠다. 조는 것이 보이면 무릎을 차인다. 인턴은 먹는 데 걸신, 잠잘 곳 찾는 데는 귀신이라는 말처럼 잠에 시달린다.

아침 일찍 정형외과로 갔다. 나와 고대 출신 3년 선배이신 유철 선생, 4년 선배이신 서유석 선배와 함께 한 조로 근무했다. 유철 선생은 4월 말에 제대하는데, 그간에는 병원과 군대를 오가면서 간혹 근무했다. 서 선배는 작년에 생긴 의료사고 문제로 조사받느라고 3인분을 혼자서 감당하게 되어 너무 일이 많으니 1인분은 1년 차 임복렬 선생님과 한기원 선생님이 교대로 도와주었다. 드레싱도 너무 많고 수술도 많아서 정신없이 바빴다. 늦은 밤에는 간혹 맥주 한 잔씩을 하게 되었다. 나는 신경외과 근무를 하는 한 달 동안 술을 마시지 않는다는 소문이 병원 내에 나서 나에게는 콜라를 한 병씩 따로 시켜주었다.

신경외과는 초긴장을 요구하는 수술이지만, 정형외과는 생사를 오가는 수술이 적어 졸음이 쏟아졌다. 병실에는 서산에서 이송

된 손경섭이라는 환자가 기다리고 있었다. 그는 경운기가 구르면서 팔의 근육이 뼈에서 분리되어 수술을 받은 환자였다. 성실하게 아침저녁으로 틈틈이 소독제들로 상처를 닦아내는데, 얼마나 괴로워하시던지…. 요즈음처럼 진통제를 충분히 처방하지 않으니, 진통제를 놓고 기다리다가 치료해도 "아이고, 죽겠다! 아이고, 죽겠다!"를 반복하신다. 경운기 기름이 묻어 있으니 더욱 잘 닦아야 한다. 못 할 짓을 매일 오전, 오후에 두 번씩 하느라 정말 죄송하고 마음이 아팠다. 하지만 그분은 굉장히 잘 참으셨다. 4월이 끝날 무렵 상처는 아주 깨끗해지고 새살이 돋아 자라기 시작한 것을 보며 나는 5월에 소아과로 떠났다.

손근찬 과장님께서 소아과 과장님답게 자상하게 가르쳐주시고 돌봐주셨다. 유명숙, 하상근 선생과 함께 근무하게 되었다. 김성호, 공길선 선배님께서 잘 대해주셨다. 소아과에서는 숨을 못 쉬어 할딱거리는 인큐베이터 속의 신생아들, 순식간에 급변할 수 있는 신생아들에게서 잠시도 눈을 뗄 수가 없었다.

재생불량성 빈혈 환자로 열네 살 여중생인 이○○는 지금까지도 기억나는 특별한 환자다. 수시로 입원해 수혈을 받고 안정되면 퇴원하는 아이다. 차트가 얼마나 두꺼웠던지…. 모든 스탭 선생님들의 관심이 집중되는 환자라 굉장히 긴장하고 조심해야 했다. 또, 중환자실에 입원해 있는 소아과 취프 도재웅 선생님 친구의 아들이 지금도 기억난다. 그 환자는 도 선생님 친구의 아들인데, 전화로 처방했다가 어려움을 당한 경우다. 도 선생님도 매일 전문의 시험공부도 제대로 못 하고 중환실을 지키며 직접 오더를 내고 치료했다. 우리 모두에게 환자를 확인하지 않고는 처방을 내지 않아야 한다는 좋은 교훈을 주었다. 환자나 보호자는 불편한 것에 치중해 중요한 증상을 도외시하거나 상태를 발견하지 못하는 경우가 있기 때문이다.

나는 성공했다. 출혈하는 환자의 출혈을 멈추게 해서 살리고, 의식이 없는 환자에게 의식을 찾게 해주는 것이 성공 아닌가? 그리고 이제 모든 사람에게 꼭 필요한 존재가 되었기 때문이다.

국회의원들은 별의별 법을 만들어 의사를 괴롭히고 부당한 건강보험 규정으로 치료를 방해하고 부당청구라는 누명을 씌워 명예를 더럽히고 다섯 배의 배상을 하게 한다. 그뿐만 아니라 '착한 의사법'까지 추진해 의사를 조롱하는 기막힌 상황이다. 중요한 세부적인 것을 알게 되면 아무도 의사를 하려고 하지 않을 것이다. 근본적으로 의사들이 잘 치료할 수 있는 의료정책을 만들어주기를 바란다.

내과 전공
의사가 되기까지

한 단계 지날 때마다 갖가지 어려움이 나를 기다리고 있었다. 1년간의 인턴 생활이 끝이 나고 3월부터 새로운 단계인 레지던트 생활이 영상의학과에서 시작되었다.

아침 일찍 모든 임상과 의국원들의 회진이 시작되기 전에 각 과 순차대로 전날 입원한 환자, 새로 수술한 환자들의 영상을 영상의학과 스텝과 4년 차 선생님들의 프레젠테이션과 함께 논의하는 시간을 갖는다. 이 콘퍼런스가 끝나면 법으로 의사만이 검사할 수 있도록 규정되어 있는 검사를 시작한다. 상부 위장관 촬영 및 마이엘로그라피(척추디스크 진단하는 방법으로 척추에 조영제를 넣어 검사하는 법), 뉴모엔세팔로그라피(척추를 통해 뇌에 공기를 넣어 검사하는 뇌 검사) 등을 시행한다.

야간에는 장중첩증이나 응급 환자가 있으면 나와서 치료한다. 낮 근무시간에는 각 검사실에서 준비해놓고 내가 오기를 기다리니 기계처럼 돌아가는 삶이었다. 대기자가 많으니 약간 과하게 시간표를 짜기 때문이었다. 저녁에는 타 과와 미팅하기 위해 판독 상자(뷰박스)에 걸어놓은 사진을 전부 교과서를 찾아가면서 판독한다. 다음 날 점심시간에 텍스트북 미팅할 부분을 읽어놓아야 한다. 그러면 자정이 넘는다. 이러한 일상의 연속이다. 마흔여섯 살이 된 스웨덴 참사관 부인인 이옥진 선생님이 레지던트 1년 차를 나와 함께하게 되었다. 한 분이 더 계셔도 임신한 선생님 빼고 4년 차 빼면 일은 주로 내가 할 수밖에 없었다.

조영제를 주사해 검사하는 환자는 반드시 검사 전 약을 눈에 한 방울 넣어 알레르기를 검사한다. 담낭 조영술 검사를 하는 환자가 알레르기 검사에서 정상이었다. 그런데 조영제를 주사하려 준비하고 바늘을 찌르려 하자 환자가 창백해졌다. 혈압을 재었더니 75/50으로 쇼크 상태가 되면서 의식을 잃게 되어 마취과와 중환자실에 연락하도록 하고 급히 중환자실로 옮겼다. 수액을 주사하고 소생술을 시행한 결과, 정상으로 회복하게 되었다. 간혹 있는 일이지만, 찌르기도 전에 심적인 스트레스로 혈압이 떨어지면서 쇼크 상태를 유발한 경우다. 주사를 찔렀으면 또 문제화되었을 것이다.

이 당시 내과에 위내시경이 처음 도입되어 우리는 고무되었다. 위 투시로 겉으로만 보던 것을 실제로 들여다보니 신날 수밖에 없었다. 내시경은 굵고 뻣뻣해서 목을 뒤로 꺾어야 어렵사리 넣을 수 있었다. 눈으로 들여다보고 보다 정확한 진단 후에 수술을 한다는 것에 의사로서는 행복하고 신나지 않을 수 없다. 영상의학과 소견과 비교해서 영상의학과의 발전을 도모할 수가 있었다.

과거에는 심장 촬영을 할 때 필름 통에 100장을 넣어서 조영제를 기계로 쏘면서 시리즈로 찍어왔다. 9월부터는 내과 유수웅 선생님과 관상동맥 촬영술을 새로이 시도하기 시작했다. 처음 시작하니 빨리 혈관으로 넣을 수가 없어서 시간이 많이 걸렸다. 다른 사람도 두꺼운 납이 들어 있는 방사선 방어 갑옷을 입고 힘들다. 그 갑옷을 입고 바른 자세도 아닌 엉거주춤한 위치에서 구부린 자세로 오후에 몇 시간씩 서 있는 것은 보통 일이 아니다. 새로운 일이 시작되어도 오전 일은 그대로 모두 해내어야 하기에 새로운 의술을 배워와서 시행하는 분은 신나고 흥미진진하지만, 나의 경우는 너무 힘들어 저녁이면 더욱 녹초가 되었다.

이런 어려운 생활 중 연말이 다가오면서 이대로 영상의학과에서 계속 수련을 받아야 할지, 환자를 대면 진료하는 다른 임상학과의 전공을 위해서 병원을 그만두어야 할지 고민했다. 병원을 한 번 그만두면 감점 대상이 되어서 다시 수련의로 입성하기가 너무 힘들다. 나는 의사가 되기 위한 목적이 환자를 직접 대면하는 임상 의사로서 많은 사람과 세상을 변화시키는 것이었기에 단호히 털고 일어났다. 김창동 진료부장님, 김한석 과장님과 스탭 선생님, 선배님들이 모두 말렸다. 험난한 길을 걸어야 되기 때문에 더욱 말린다. 2월 말에 사표를 내고 군에 입대하기 위해 병무청에 갔다. 대구의 군의학교에 가면 간혹 입대시켜주는 길이 있을 수 있다고 했다. 중간에 그만두는 것을 막기 위함인지 군의학교에서도 방법은 없었다.

영상의학과 1년을 수료해 취업의 길도 순탄치 않았다. 그러다가 의사 소개하는 업소에 연락해서 영일 병원 외과에 취업해 외과 과장 유영진 선생님과 함께 근무했다. 충수돌기염, 위천공, 십이지장천공 등의 수술이 많았다. 종합병원에서 수련받은 때를 생각하면 아무것도 아니지만 개인병원치고는 굉장히 환자가 많았다. 수술이 끝나면 주로 내가 치료를 맡았다. 이때 직원이 몇천 명 되는 회사들의 신체검사, 의료봉사 등 병원 외부의 일도 모두 내가 맡아서 했다.

정형외과 과장님의 소개로 개인 의원의 원장으로 자리를 옮기게 되었다. 병원 근무는 낮에는 외래 진료를 하고 수술할 환자는 입원시켜 놓으면 정형외과는 나ㅇ균 선생님이, 외과는 나 원장님께서 밤에 수술하셨다. 성심껏 친절히 진료했고 다행히 환자가 많아 봉급을 받기는 부끄럽지 않게 되었다. 사무장 댁에서 식사를 잘해주고 잠자리도 좋아서 빨래할 때를 제외하고 출퇴근할 일이 전혀 없었다. 1월 말까지 근무를 마치고 나 원장님께 인사드리고 부모님께서 계시는 광주를 거쳐서 멀리 대구로 향했다. 대구 군의학교에 갔더니 박영순을 비롯해 친구들이 있었다. 또 나보다 2년 선배님들이 전문의 시험을 치고서 2월에 같이 입대하게 되었다.

전공의가 되기는 힘들지만 나는 새로운 전공과를 선택하기 위한 결단을 하고 전 단계인 군 입대를 했다. 힘들어도 나의 사명과 평생의 꿈을 이루기 위해서는 과감한 결단이 필요했다. 협심증 등의 치료의 새로운 장을 여는 데 영상의학과 의사로서 참여하게 되었다. 이때 영상의학과에 혁명적인 컴퓨터 촬영이 개발되어 우리나라에 처음 도입되었다. 항상 새로운 시대가 열릴 때 어렵다. 이런 때에 그런 곳에 보내시어 단련받고 존재감 없이 봉사하게 하셨다. 그곳에서 좋은 분들을 만나게 해주셨다. 신앙생활도 어려운 시기에 왜 나를 어려운 교회에 보내셨을까? 나에게 많은 경험을 하게 하시는 이유는 무엇일까?

3장

삶이 힘들다고
불행한 것은
아니다

어려운 시절에는 꿈을 꾸었다

- 기업의 주인은?

　여러분은 기업이 누구의 소유이고 누구를 위해 존재한다고 생각하는가? 내 생각에 기업은 크고 작음에 상관없이 고객, 직원, 경영자가 하나라고 생각하며 삼자가 함께 주인이 되어야 한다. 병원도 마찬가지다. 병원은 환자들의 것임과 동시에 종업원의 것이기도 하다. 나와 종업원들은 어떻게 하면 좋은 환경과 시설에서 환자에게 양질의 서비스를 제공할 것인가, 어떻게 하면 하나라도 더 환자에게 유익한 것을 제공할 수 있을까 하는 관점에서 병원을 운영한다. 환자는 내 병원이라고 생각하며 사랑하고 홍보와 여러 면에서 병원이 잘될 수 있는 아이디어를 제공해 함께 좋은 병원을 만들어가는 것이다. 병원은 이익금이 많아지면 더 좋은 시설을 도입하고 지역의 어려운 이들을 위해 장학금과 여러 방면의 도움을 제공할 수 있어야 한다. 즉, 공동유기체가 되어야 한다는 것이다.

나도 우리 민족교육을 위해 사단법인 희망교육을 통한 다양한 활동을 하고 있다. 아시아 연합을 위해 미래에 신의주나 연변에 국제 평화대학교를 세울 꿈을 꾼다. 나의 생각과 일치하는, 존경하는 기업인 유일한의 기업경영을 살펴보고 교훈을 얻으려 한다. 대한민국을 사랑한 기업인 유일한을 나는 존경한다. 우리나라 기업 100년을 돌이켜볼 때, 많은 기업인들은 칭찬보다는 지탄받는 경우가 더 많았다. 전 재산을 사회에 환원한 유한양행의 창업자 유일한 박사의 행적이 더욱 빛나는 것은 그래서일 것이다. 기업인으로서는 유일하게 초등학교 도덕 교과서에 실린 유일한은 많은 사람들로부터 신상(紳商)으로 존경받았다. 신상이란 조선 말기부터 우리나라에서 사용되던 말로 개화기의 민족 상인을 가리킨다. 민족 상인들은 개인이나 가족의 안락한 생활만을 추구하는 장사치가 아니라 민족과 나라를 부강하게 만들기 위해 상·공업을 일으킨 사람들이라는 자부심을 가졌다. 유일한 박사는 일생을 통해 자본주의의 참뜻을 실천에 옮기고자 한 진정한 신상이었다. 내가 유일한 선생을 존경하는 이유는 그가 살아온 목적과 기업경영 방침이 내가 배운 교과서의 내용과 같고 신앙인의 모범이며 내가 실행하고자 하는 모범이기 때문이다.

유일한이 생각하는 자본주의란 자기의 능력에 따라 할 일을 찾아서 해야 한다는 것이다. 자기의 생계를 스스로 마련하기 위해서는 항상 부지런하고 맡은 일을 성실하게 해야 한다. 유일한 박사의 자본주의 정신은 '기업은 정직, 성실, 신용, 근면한 기업 운영을 통해 경제 발전에 기여하는 한편, 민족과 국가에 진정한 마음으로 봉사하는 것'이다.

유일한은 고등학교 때 미식 축구 선수로 활동할 만큼의 왕성한 체력과 아홉 살 어린 나이에 단신으로 미국으로 유학을 떠날 만큼의 기백, 그리고 상업적 재주를 지녔다. 유일한은 아홉 살 때인 1904년에 대한제국 순회공사 박장현을 따라 미국으로 건너가, 네브레스카 주 커니 시의 침례교 신자인 두 자매에게 맡겨졌다. 이들의 경제적 지원 아래 유일한은 초등학교에 다니며 집안일을 도왔다.

열여섯 살 되던 해에 유일한은 경제적으로도 독립해 아르바이트를 하며 학비와 생활비를 마련했다. 그리고 타고난 체력과 신문 배달을 하면서 단련된 달리기 실력을 바탕으로 미식 축구부에 들어갔다. 그 후, 미식 축구부에서 주전으로 발탁되어 학교의 명예를 드높였다는 이유로 장학금을 받기도 했다. 유일한은 1916년 가을 미시간 주 앤아버에 있는 미시간주립대학교에 입학했다. 당시 조선에서 건너온 유학생들이 장사를 천시한 것과는 달랐다. 유일한은 사람들에게 실질적인 도움을 줄 수 있는 상과 계통의 공부를 하기로 결심했다. 대학 때부터 사업 수완을 발휘했고 자신감을 가지고 택한 길은 장사였다.

유일한은 중국 향취가 담긴 동양 제품들, 즉 비단 손수건, 아이들이 좋아할 중국 인형, 처녀들을 위한 중국식 장신구, 더 나아가 카펫까지도 들고 다니며 팔았다. 이러한 경험은 유일한이 먼 후일 경영 이론과 경영 이념은 물론, 경영 일선의 지도력을 갖추는

데 커다란 원동력이 되었다. 이 무렵 유일한은 같은 대학에 다니는 한국 학생들과 중국 학생들을 모아 한중학생회를 조직하고 회장직을 맡았다. 이 모임을 통해 유일한은 평생의 반려인 호미리를 만나게 된다. 유일한보다 한 살 아래인 호미리는 미국 최초의 동양인 여성 의사가 되었다. 유일한과 호미리는 1925년 결혼하고 이듬해인 1926년 한국으로 귀국했다. 유일한은 1925년 일시 귀국해 12월 10일 서울 종로 2가 45번지 덕원빌딩에 자신의 이름을 따서 '유한양행'을 설립했다. 조국의 비참한 현실을 눈으로 확인한 유일한이 굶주린 국민들에게 일자리를 주기 위해 기업을 설립한 것이다. 기업 중에서도 제약업을 택한 것은 '건강한 국민만이 장차 교육도 받을 수 있고 나라도 찾을 수 있다'고 생각했기 때문이다. 1928년에는 미국 사람들에게 한국을 소개하는 일에도 관심을 보여, 조선의 관습과 풍습들을 명절·성묘·놀이·역사·학교 등으로 나누어 서술한 《한국에서의 소년시절(When I Was A Boy In Korea)》이라는 책을 간행하기도 했다.

업종의 다양화와 폭넓은 선택을 위해 '양행(洋行)'으로 출발한 유한양행은 1936년에는 주식회사로 전환했고, 경기도 부천군 소사면 심곡리 25번지에 제약 실험 연구소 및 공장을 건설했다. 당시 사회상으로 볼 때 획기적이었던 주식회사의 발족은 "기업은 개인의 것이 아니며 사회와 종업원의 것이다"라는 유일한 사장의 경영 철학을 반영하는 것이었다. 기업은 종업원의 것임을 확실히 하기 위해 주식회사 유한양행은 종업원들에게도 액면가의 10% 정도로 주식을 골고루 나누어 주었다. 국내 기업으로는 처음으로 종업원 주주제를 시행한 것이었다. 유일한은 광복 후에도 불법적인 정치 자금을 건네는 일은 없었다. 유일한은 또한 경영의 투명성을 유지하면서 1962년에 약업계로서는 최초로 주식 공개를 단행했다. 유일한의 이러한 경영 이념이 높이 인정되어 1963년에 대통령으로부터 국가공익포장을 받았으며, 1964년에는 국무총리로부터 우량 상공인 표창, 1968년에는 동탑산업훈장을 받았고, 1970년에는 국민훈장 모란장(牡丹章)을 각각 받았다.

유일한은 이익의 사회 환원을 위해 교육사업에 눈을 돌렸다. 유일한의 경영 이념의 특징은 기업의 이윤을 사회에 환원하는 것이었다. 유일한은 기업의 기능에는 유능하고 유익한 인재를 양성하는 교육까지도 포함되어 있어야 한다는 신념을 가지고 있었다. 기업 경영에서 얻은 이윤을 육영 사업에 희사함으로써 자신의 정직한 청지기적 소유 관념을 실천하고자 했다. 회사는 개인이나 가족을 위해 존재하는 것이 아니라 국가와 사회를 위한 공기(公器)이며, 국가에 의한 보호와 사회의 협조로 기업 이윤을 올렸으므로, 그 결과는 당연히 사회로 환원되어야 한다는 것이었다. 이와 같은 이념에 의해 1952년 고려 공과기술학교와 재단법인 유한학원을 설립했고, 1964년에 학교법인 유한학원으로 변경되었다. 그리고 1991년에는 유한전문대학으로, 1998년 유한대학교로 교명이 바뀌었다.

유일한은 기업이 이윤만을 추구하는 것이 아니라 기업 활동을 통한 하나의 공동 운명체이자 공공의 것이라는 신념을 죽을 때까지 실천함으로써 우리 사회의 영원한 지표를 세운 것이다.

내가 유일한 선생을 존경하는 것은 그가 진정으로 우리나라를 사랑했기 때문이다. 그의 기업 정신은 청지기 정신이었다. 그는 국민의 일자리를 위해 기업을 창설했고, 국민의 건강을 위해서 제약회사인 유한양행을 설립했다. 그리고 우리나라가 살아가려면 교육의 중요함을 깨닫고 교육사업을 병행했다.

거대기업의 총수들이 이 세상을 떠날 때 얼마를 가져가는가? 모든 것을 놓고 간다. 경영주뿐 아니라 모든 이들에게 주어진 모든 것은 살아 있는 동안 관리하고 이웃을 위해 사용하라고 맡겨놓은 것이다. 집도 두 채 이상 갖는 것은 남을 괴롭히는 죄악이다. 정직하게 경영하고 부당이득을 취하지 말며 부동산 투기하지 않으면 곧 아름다운 세상이 올 것이다.

꿈꾸는 자에게는
모든 것이 과정이다

　고등학생 때 나는 날개를 펴서 마음껏 날아보고 싶었다. 중학교 때는 공부를 잘하려고 광주로 왔는데 내 날개를 누가 붙잡고 있는 듯했다. 우리 반 친구 중에 정익종과 채윤근, 두 친구가 서울의 용산고등학교에 진학했다. 굉장히 부러웠다. 좋은 학교에 지원하고 싶으나 선생님들은 합격률을 높이기 위해 하향 지원하게 했다. 아버지 친구 중에 조선대학교 김병기 교수님이 계셨다. 그분이 조선대학 부속 고등학교에는 우수 반이 있어 거기에서 공부하면 어떤 대학에도 갈 수 있으니 지원하라고 하셨다.

　그분의 권유를 따라 아주 우수한 성적으로 입학해 우수 반에 들어가게 되었다. 광주 북중학교 때 전교 1등으로 입학해 1등으로 졸업한 김봉현이 장학금을 받기 위해서 나와 같은 반에서 공부하게 되었다. 중학교 동창인 박현도 같은 반이 되었다. 다행히 공부를 열심히 하는 홍종태, 홍현선, 윤명규, 이수섭이 가까운 자리에 앉아 공부하게 되었다. 종태는 아버지가 경찰서장을 하시다가 광주소방서장으로 계시고 8남매의 대가족이며 좋은 환경에서 공부하고 있었다. 현선이는 김대중 대통령과 같은 무안군에서 태어나서 중학교 때 광주로 와서 명규와 같은 조선대학 부속 중학교를 졸업했다. 명규는 우리 집에서 제일 가까운 곳에 살았다. 가까이 앉아서 공부한 우리 네 사람이 친구로 늘 가까이 지내게 되었다. 특히 명규, 종태와 나는 늘 등하교를 같이하며 깊은 교류를 나누었다.

고등학생이 되니 새로운 것을 해보고 싶어서 종태와 함께 유도를 배우고, 중학교에서 배워 많이 아는 것 같아 계획성 없이 공부하다 보니 성적이 나빠져서 최우수 반에서 탈락해 그다음 단계 반에 들어갔다. 부끄러운 마음에 열심히 했다. 다행히 반에서 1등을 하게 되어 자연계 우수 반에 복귀해 친구들과 같은 반에서 공부하게 되었다.

고등학교 때는 이모님 댁의 영애 누나에게 더 부담을 줄 수가 없어 누나와 자취를 하게 되었다. 어려운 환경에서도 두 명씩이나 거두어준 이모님과 한영애 누나의 은혜에 감사한다. 누나는 두 사람의 밥을 해 먹이면서도 성적이 좋았다.

2학년 1학기 말의 어느 토요일, 구례향우회에 나갔다. 회의 진행을 계속 방해하고 있는 친구가 있어 방해하지 말라고 했다. 자존심이 상했는지 나를 만나 싸우려고 했다. 역시 틀린 것을 보고 가만히 있지 못하는 내 성격 때문이었으리라. 식식거리는 정○○

를 이동엽과 다른 친구들이 말려서 다행히 마무리되었다. 월요일 점심시간에 분이 풀리지 않았는지 또다시 나를 만나러 왔다. 반에 덩치가 큰 친구들이 모두 나와서 말려 무마되었다. 그 아이는 선인장이라는 폭력 서클에 가입되어 있어 칼부림이 날 수도 있었을 법했다.

공부를 좀 덜 하는 반으로 가니 내게 싸움을 걸어온 아이가 있어서 산에 가서 싸우다가 학생부 선생님께 불려가 혼나고 나니 좌절감도 들어 학교를 자퇴하고 검정고시를 볼까도 생각했다. 이때 부모님께서 우리를 잘 가르치기 위해서 광주로 이사를 하시고 양곡상을 시작하셨다. 애쓰시는 부모님의 기대를 외면할 수가 없어서 학교는 그대로 다니기로 했다.

나는 박 대통령 시해 사건이 일어난 격변기에 전방의 야전병원에 군의관 대위로 부임했다. 국립의료원에서 비뇨기과를 전공하신 양윤구 1회 선배님과 기독장교회 회원들이 반갑게 환영해주셨다. 거기에는 기독장교회가 모이지도 않고 해산 수준에 있었다. 회장이 수송대장인데 차를 새로 배정받아 사고 나지 말라고 원장님과 함께 장교들이 돼지머리를 놓고 절하며 제사했기 때문이다. 회장이 우상 숭배하는 사람이라고 모이지 않는 것이다. 그는 특별한 사람이었다. 도덕 교과서에 효성의 극치로 소개된 분이 회장의 할아버지이셨다. 할아버지는 부모님이 연약해 고기를 드시고 싶은데, 가난한 형편이라 자신의 엉덩이 살을 떼어드렸다는 믿기 어려운 내용의 주인공이었다. 내가 부임하고 기독장교회가 새로 태어나게 되었다. 모두 모여서 양윤구 소령님을 회장으로, 나를 신앙 부장으로, 노문호 소령(치과부장)을 체육부장으로, 고흥석 대위로 홍보부장을 선임하고 항해를 시작했다.

나는 매주 수요일 성경 공부, 군종 사병을 중심으로 간호장교와 함께 성가대를 만들어 매주 금요일 저녁에 병실과 내무반에 다니며 입실해 있는 환자 사병들을 위해 찬송하고 그들과 가족을 위해 기도를 드렸다. 쉬운 노래를 선택해 부르니 모두 좋아했다. 금요일은 내무반에서 군기를 잡고 벌을 주는 날이었다. 우리가 가서 찬송하고 기도하면 이 고통의 시간이 종결되는 것이다. 그러니 찬송 소리가 가까워지면 병사들이 그렇게 반가워 할 수가 없다! 임정규 원장, 박성환 진료부장(부산 대동병원 이사장), 내과 강진영 소령, 국립의료원 내과의 출신 태경희 대위, 권영춘 대위, 정신과 조규형 대위, 김동진 대위, 정형외과 윤웅섭 대위(온누리 교회에서 디아스포라 대회에서 같이 의료봉사), 소아과 차석규 소령, 안과 김창현 대위 모두 따뜻한 분들이다.

모든 장기 복무하는 군의관이 그렇듯 원장님은 술을 좋아하셨다. 부대에 갇혀서 양주를 맥주잔으로 한 병씩 마시며 사는 장군들을 상대하려면 술을 안 마시면 곤란한 여건이었다. 거기까지는 좋다. 내가 술을 대접하지 않으니 괴로움이 이만저만이 아니었다. 한 번은 원장님 생일날, "원장님을 위해 누가 축가를 불러드리느냐?"고 했다. 장난기 많은 군의관들이 술을 안 마시는 나를 놀리기 위해 떠민 것이다. 떠밀려 나왔으니 다시 들어갈 수도 없어서 축가를 불렀다. 원장님께 술을 권하기도 전에 원장님이 내게 한잔 권하셨다. 잔을 받고 새 잔으로 권하는데 "네 잔을 다 비우고 나에게 잔을 다오" 하셨다. 마시는 척하고 잔을 드리니 다 마시라고 해서 실랑이를 하게 되었다. 좀 난처해지자 원장님은 "너를 6개월 만에 술을 마시게 하겠다" 하시고는 다시 잔치 분위기로 만드셨다.

그다음 주 수요일에는 테니스대회가 있었다. 대회 후 술자리가 벌어졌고, 원장님은 나에게 "너는 사이다나 먹어라" 하시며 배려하셨다. 테니스대회는 윤 대위와 복식조가 되어 모기 잡듯이 넘어오는 공을 모조리 때리고 막았더니 우승을 하게 되었다. 내 생애 기록적인 일이었다.

그런데 원장님께 술대접을 안 하니까 간혹 내무 점검을 해 아침 간부회의 때에 괴롭게 했다. 나는 알아듣고도 모른 척했다. 선임하사인 이 상사는 "조영제의 유효기간이 가까워 오니 처분하면 어떻겠느냐?"고 했다. 조영제가 가장 고가 약이기 때문이다. 이 상사가 넌지시 말했지만 역시 모른 척했다. 105병원은 전방 지피부대, 연대, 사단 등에서 방사선 촬영이나 검사가 필요한 환자들을 선별해 구급차나 트럭에 태워왔다.

1953년 휴전선 부근 최전방은 6·25 종전 시 한 걸음이라도 더 전진하면 그쪽 소유가 되기에 전투가 치열했고 이때 많은 수가 희생되었다. 더 내려오지 못하게 하려고 지뢰를 설치해 1980년까지도 너무 많은 발목지뢰가 터져서 장병들의 발목이 부스러져 장애인이 되었다.

수풀이 우거져서 무장공비가 자주 출몰하는 것을 막기 위해 풀을 깎고 땅을 파는 사계청소를 하게 되었다. 이때가 1980년 3월 말경이다. 우리 병원에서 당직만 남기고 위로 및 격려차 모두 나가서 텐트를 치고 그들과 함께 5일간 있었다. 날씨가 추워서 서릿발이 텐트를 뚫고 들어왔다. 전방에서 몸도 마음대로 씻지 못하고 간신히 얼굴만 씻으니 모두 꾀죄죄했다.

　　어느 학교에 다니든지 어떤 태도로 학업에 임하느냐가 중요하다. 부모는 자신의 형편을 자녀들에게 상세하게 알려주는 것이 좋다. 그러면 자녀는 부모를 이해하고 감사하는 사람이 될 것이다. 부모에게 감사하는 아이들은 깊이 생각하고 행동하며 열심히 공부할 것이다. 신앙도 지키려 하지 말고 실천하는 신앙생활을 하면 주변 사람들에게 향기로운 그리스도인이 되어 전도할 수 있을 것이다. 전방을 실제로 체험함으로써 나라를 더욱 사랑하게 되었고 이 땅에 평화가 임하게 하려면 어떻게 해야 할지를 깊이 생각하게 되었다.

의사는 부자라는 세상의 편견
– 의사 가족의 눈물, 의사 가족이 사랑받을 때

대다수 국민의 의식 속에 의사는 부자라는 인식이 각인되어 있다. 의사 속은 의사 부인 빼고는 아무도 모른다. 심지어는 의사의 가족도 직접 당하지 않으면 그렇게 알고 있다.

우선 대학 등록금이 일반적으로 어느 대학교든지 인문계의 1.5배에 해당한다. 그리고 의학 서적은 영문판 몇 권만 사면 등록금과 맞먹었다. 매년 이러니 돈 없는 사람은 감당이 안 된다. 거기에 학업 기간이 6년으로 1.5배인데다 그 후에도 9년 정도는 돈을 자신만 쓰기에도 부족할 정도만 벌게 된다. 대학원 박사 과정을 다니면 완전 마이너스다. 부모님의 도움이 없이는 불가능하다.

처음 인턴 때는 양복 한 벌 맞추어 입으면 남는 것이 없었다. 술을 마셔도 값싼 소주를 마신다. 나의 경우도 마찬가지였다. 내가 군대 복무를 하고 있을 때 영어 공부에 필요하다고 하니까 아내는 몇십만 원 되는 영어 테이프를 사주었다. 사주던 아내의 얼굴에는 기미가 가득했다.

군대 복무 기간에는 대위 월급이 명목상은 18만 원이었지만, 손에 남는 것은 82,000원이었다. 5만 원 출퇴근 교통비, 십일조 18,000원, 주일 헌금과 경조사비를 냈고, 찻값과 식사비도 냈다. 아내가 피아노 레슨으로 간신히 입에 풀칠하며 살았다. 아내 신세를 많이 졌다. 내과 전공의가 되자 30만 원으로 올랐다. 교과서와 매달 저널값으로 지출하다 보면 집에 가져다주는 것이 별로 없었다. 염치없고 늘 아내에게 미안했다. 아무리 없이 살아도 청첩장이 오면 가서 축하해주어야 하고 조문도 가야 했다. 종가의 종손이니 갈 데가 많았다. 몇 푼 안 되는 아이들 진료비까지 모두 아내가 감당하고 있었다.

어느 날 조성문 선생이 자기와 같이 개인병원에 야간 당직을 하자고 제안했다. 경제적으로 어려운 나에게는 반가운 일이었다. 한 달을 근무하니 45만 원을 받았다. 처음으로 아내에게 옷 한 벌을 사줄 수 있어서 아내가 기뻐했다. 아내보다 내가 너무나 기뻤다.

다음 달에는 연말 불우 이웃을 도와달라고 20만 원을 봉천 7동 동사무소에 의뢰했다. 동사무소에서 노인 가정에 연탄을 사서 전달했다. 그동안에는 경제적으로 늘 어려워서 어려운 이들을 물질로 돕지 못했기에 우리 부부는 그 일을 하고 굉장히 행복했다. 근무 말년 차에는 수련의로서 환자를 돌보면서 논문 완성과 전문의 시험에 꼭 합격해야 했다. 나는 의국의 치프(의국장)를 맡아서 의국

살림을 꾸려갔다. 제약회사에서 약간씩의 후원은 있었지만, 논문을 쓰는 데 필요한 거액의 시약값 등의 비용, 군에 입대해 있는 선배 김병광 선생에게 면회, 그 외 의국원들의 라면 등의 먹을 것까지 관리하느라 비용이 빠듯했다. 나는 잡비로 라면, 식빵, 빵을 구워 먹는 도구 등을 사서 굶기를 다반사로 하는 의국원들의 영양 공급을 위해 지출했다.

한번은 이런 일도 있었다. 내가 새벽 5시 30분에 출근한 다음에는 아내는 매일 봉천동에서 상도동으로 출퇴근을 했다. 하루는 눈이 펑펑 쏟아지는 저녁에 아내가 고단한 몸으로 퇴근하는데, 버스에서 내려 길을 걷던 중 눈 위에서 수백만 원이 담긴 돈뭉치를 주웠다. 행여 배달 사고가 날까 봐 그 뭉치를 가지고 다음 날 은행에 가서 이름을 확인하고 연락해 찾아주었다. 가난한 집안의 딸 결혼 비용 전체가 들어 있는 현금다발이었다. 혹시 다른 데 가져다주면 나누어 써버릴 수 있을 것 같아서 은행을 통해 전달했다. 그 어머니가 긴 밤 동안 얼마나 걱정했을까?

의사를 부자라고 생각할 만한 이유가 또 있다. 세무조사 할 때나 세무 신고할 때쯤에는 고맙게도 큰 글씨로 그것도 일면에 '의사, 변호사 등 전문직 탈세 많다'라고 언론에서 항상 부자로 만들어준다. 그런데 탈세가 많다는 것은 범죄자 같아서 좀 그렇다. 내부적으로 보면 나쁜 일에서는 권력이 없는 쪽을 앞세우는 것이 사회적인 세태가 아닌가 싶다. 그도 그럴 이유가 있다. 새벽이나 이른 아침 응급실 앞에 신임 사회부 기자가 대기하고 있다. 의사가 지나가면 "오늘 특별한 일 없습니까?" 하고 묻는다. 의사는 기자 선생을 위아래로 쳐다보고 대꾸도 없이 도망치듯 사라져버린다. 기자는 '이런! 사람을 이렇게 무시할 수가 있어?'라고 생각해 속이 몹시 상한다. 그러나 이것은 의사의 형편을 모르고 생각한 것이다. 응급실 환자 외에도 의사들은 할 일이 너무 많고 항상 독촉당한다. 조금만 늦으면 큰일이 난다. 조금만 서로 들여다보면 아무 오해도 없으련만….

의약 분업 시작할 때쯤의 일이다. 당시 한나라당 김홍ㅇ 국회 의원은 동네 의원의 한 달 수입이 3,000만 원이라고 했다. 내가 일주일 후 일요일에 기독교 방송 뉴스에서 들으니 의원의 상위 20%에서 총매출이 3,000만 원이라 했다. 이는 대학 진학할 학생들에게 길을 잘못 인도하는 것이다. 또 의사에 대한 국민 감정이 나빠져 불신하게 되고 검사를 거부함으로써 오진으로 생명이 희생될수 있다. 바른 진단과 치료는 신뢰로부터 시작되는 것이다. 예외가 있을지라도 의사는 환자를 잘 치료해서 좋아지게 하는 직업이기 때문에 환자들이 잘 치료되는 방향으로 의사를 도와주었으면 하는 생각이다.

어느 날 밤늦게 우리 병원 앞에서 외과를 개원했던 전남대학교를 나온 고향 후배를 찾아가 만나게 되었다. 병원의 경영이 여의치 않아 폐원하고 삼촌의 병원에 와서 근무하고 있다고 했다. 그는 각 동창회, 지역 모임, 친척 모임까지 모두 잘 참여했다고 한다. 모든 모임에서 끝날 무렵에는 아무도 음식값이나 술값을 낼 생각을 하지 않고 자기만 보고 있었다고 한다. 의사는 돈을 잘 버는 사람이니 네가 내라는 식이다. 그래서 자기 병원을 폐원하면서부터 일체 활동을 안 하기로 했다고 한다.

나는 동창회에 참여할 시간이 없으면서도 고등학교 동기회장을 할 수 없이 맡게 되었다. 아내가 회장 역할을 다하고 진료를 마친 뒤에 나가서 친구들을 만나고 진료 시간을 줄였다. 그전에는 시간 여유가 없어서 만나고 싶어도 끝날 무렵에 간신히 가서 얼굴만 보고 때로는 밥도 먹는 둥 마는 둥 하고 올 때도 있었다. 끝난 뒤에 도착하게 되는 경우도 있었다. 이런 사정을 몇 사람이나 알까? 내가 병원을 개원한 후에는 단체 후원금을 내라는 단체 등 연말이면 더 심했다. 할 수 없이 전화번호를 적어놓고 가면 확인해보고 보내겠다고 했다. 그랬더니 대부분이 그냥 가거나 가짜였다. 물론 개원 초기에도 동네 행사 때는 후원금을 낸다. 학부모회장, 운영위원회장 등의 감투가 좋은 것이 아니라 우리가 할 수밖에 없는 상황이다. 물론 이런 상황이 되어도 낼 수 있다는 것이 감사하다. 내가 전문의가 되어 처음 월급을 받았을 때, 그동안 누나에게 부담을 준 것에 대해 월급에서 거액을 떼어 아버지께 드렸다. 신세를 갚은 마음에 홀가분했다.

가정이 어려워도 오히려 아내가 앞장서서 의견을 내기에 늘 감사한다. 그리고 존경한다. 우리는 가난하지만 행복했고 사랑했기에 행복했다. 나는 일에 심취해서 열심히 전공의 공부를 할 수 있는 것에 기뻤고, 아내는 그런 나를 보며 행복해했다. 그리고 희망을 가지고 터널을 통과하고 있는 나를 응원해주었다. 아내는 무엇이든지 나와 상의해주었고, 항상 내가 제안하기 전에 먼저 돈을 지출하며 가정의 일에 선제적이었기에 기뻤다. 또한, 남들에게 주는 것도 흔쾌히 응해주어서 고마웠다. 이런 멋진 아내를 주신 주님께 감사하다. 어려워도 내 사기가 저하될까 봐 항상 즐거운 얼굴을 한 아내를 존경한다. 나는 다시 태어나도 아내만을 사랑할 것이다. 내 인생 최고의 행운은 김효경을 만난 것이다.

세상과 마주할수록
책임감을 느낀다

　　1980년 2월 말경, 오후 5시 연천의 25사단에서 대량 전상자가 발생했다는 숨 막힐 듯한 전화가 왔다. 이런 평화 시대에 대량 전상자라니! 의사의 반사적 행동으로 응급실에 급히 가서 대기하고 있었다. 군의관들이 모두 퇴근한 직후여서 당직 군의관인 나와 최성규 대위만이 남아서 응급실에 가서 대기했다. 잠시 기다리니 트럭이 한 대 들이닥쳤다.

　　트럭에서 여섯 명의 환자가 내렸다. 곧이어 또 트럭이 한 대가 도착해 환자를 내렸다. 내리고 있는 도중에 연속해서 트럭 한 대와 구급차가 도착했다. 응급실이 좁아서 밖에까지 환자를 눕히는 처참한 상황이었다. 팔과 다리가 부러져 날아간 병사, 뒷머리가 깨져서 뇌가 흘러나오고 있는 병사도 보였다. 현장에서 군의관과 위생병들이 심한 출혈에 대한 간단한 처치 후 싸매기만 하고 와서 내리자마자 보니 뇌가 흐른 병사는 아무 고통도 호소하지 못하고 숨을 거두었다. 다른 병사들도 워낙 출혈이 심해서 혈압을 재니 의식을 잃어가는 쇼크 상태였다. 일부는 의식은 있으나 혈압이 점점 떨어지고 있어서 일단 정맥 주사를 놓는 것이 가장 시급했다. 군의관 두 사람과 간호장교, 위생병 네 명으로는 턱도 없었다. 다행히 퇴근 전에 식사 중인 간호장교 열 명을 급히 오도록 했다.

위급한 전상자순으로 한 사람씩 맡아 주사를 놓았다. 주사 놓기 힘든 환자는 내가 허벅지 대퇴 정맥에 카테터를 꽂았고, 그도 안 되는 환자는 팔목에 수술을 해 주사를 연결했다. 주사를 놓을 수 있는 환자는 살고, 되지 않는 사람은 즉시 숨을 거두었다. 연대 군의관도 함께 거들었다. 포병 부대에서 훈련을 마치고 돌아오는 길에 녹이 슨 폭발물 한 개를 발견해 고참 병장이 만지던 중, 폭발해 대량 전상자가 발생한 것이다. 빨리 주사를 놓은 환자는 연대 군의관을 선임 탑승시켜서 서울의 창동 후송병원으로 후송했다. 운명을 달리한 환자는 시체를 안치할 수 있는 쪽으로 따로 옮겨서 최 대위가 분산된 팔과 다리의 조각조각을 찾아서 맞추었다. 다리가 둘 다 잘린 병사와 하나 잘린 출혈이 많고 간신히 대퇴 정맥에 주사를 놓은 두 명의 환자는 마지막으로 내가 구급차에 싣고 창동병원으로 이송했다. 너무 심한 출혈로 의식도 가물가물하게 희미한 듯 가다가 숨을 쉬지 않으면 이름을 소리쳐 부르고 손바닥으로 가슴을 치는 자극을 가하면서 창동병원 응급실에 도착했다.

구급차는 6·25 때 사용하던 것을 아직 사용하고 있어 시속

40km 이상의 속도를 낼 수가 없었다. 촌각을 다투는 시점에서 얼마나 초조했던지…. 그야말로 사투를 벌이며 후송했는데 응급실에서 주사가 잘 들어가지 않아 두 다리가 잘린 병사는 숨을 거두고 말았다. 우리가 어떻게 후송한 환자인데! 살려야 되는 것이 우리의 사명인데….

다음 날까지 대량 전상자 보고서를 장시간 작성했다. 2월이지만 한밤중의 기온이 영하 10도쯤 되어 몹시 추웠다. 수입이 변변치 않은 군의관의 주머니를 털어서 병원 앞 길거리에서 파는 어묵으로 위생병들의 추위를 녹여주었다.

나는 박 대통령의 시해 사건이 있었던 격변기에 대위로 임관해 전방의 야전병원에 근무했다. 최전방 군사분계선의 GP부대는 군의관과 간호장교들이 위생병들과 함께 GP 순회 진료를 한다. GP에 근무하는 사병들은 집안이 괜찮게 살고 자유 민주에 대한 사상이 투철해 북한으로 넘어가지 않을 사람들이다. 군대에서 문제를 일으켜서 빠져나가기 곤란한 장·사병들이 간혹 월북하는 일이 있기 때문에 안정된 가정 출신의 장·사병들을 이곳에 배치한다고 한다. GP는 군사분계선으로부터 남북으로 각각 2km 정도의 지역을 말하며 원래는 비무장지대였지만, 철책선이나 진지를 건설하기 시작하면서 원칙이 무너진 상태다.

야전병원에는 순회 진료라는 것이 있다. 순회 진료 가서 혈압을 재보면 고혈압 환자가 많이 나온다. 평소에는 고혈압이 아니었는데 간호장교가 혈압을 잴 때 가슴이 뛰었다는 이야기다. 우리

청년들이 오랜만에 본 이성으로 인해 가슴이 뛰었다는 것이다. 우리가 순회 진료에서 병사들에게 관심을 가지고 찾아왔고, 따뜻한 말 한마디를 건넴으로써 이러한 효과가 있다는 것이다.

처음 순회 진료 나갔을 때의 일이다. 대대장의 지프차를 타고 GOP 부대를 통과해 GP 중대 본부에 도착해서 잠깐 보고를 받고 GP 부대에 가는데 양방 1차선에서 내리막길과 오르막길을 그야말로 쌩쌩 달린다. 가슴이 철렁했다. 철저하게 경비해도 간혹 무장 공비들이 넘어와서 산등성이에 누워 있다가 장교가 오면 저격하는 경우가 있어서 빠른 속도로 달린다고 한다. GP 부대의 대대장인데도 방문하려면 미리 사단에 신청해 허가증을 받아 GP 부대와 직속 부하인 GP 부대의 중대장과 소대장에게까지 허가 사항이 전달되어야 방문이 가능하다.

군에서 응급환자를 후송하다가 구급차(군대의 구급차)가 뒤집혀 운명한 군의관이 있었다. 야간 전쟁 연습 때 군대가 통과할 가교를 놓다가 배가 뒤집혀서 공병대 대원들이 생명을 잃기도 하고, 부상 당해 야전병원에 실려서 오는 경우도 있다. 하지만 대다수는 잘 지내다가 건강하게 군 생활을 마친다. 확률을 따지자면 염려할 상황은 아니다. 그렇지만 위험도가 확률상 0.01%라고 해도 생명이 하나뿐이기에 당하는 입장에서는 100%인 것이다.

한번은 순회 진료를 마치고 대대장과 함께 지프로 중대 본부에 와서 구급차로 바꾸어 타고 내려오다가 운전병 실수로 미끄러지며 급브레이크를 밟아서 앞바퀴가 낭떠러지에 걸렸다. 다행히 오늘까지 잘살고 있다. 내려와보니 1cm만 더 미끄러졌으면 큰일났을 상황이었다. 만약 잘못되어 낭떠러지에서 떨어졌으면 어떻게 되었을까? 아침에는 멀쩡하게 출근했는데 "순직하셨습니다"라는 통보를 받는 가족은 어떨까? 요즘 같으면 하나밖에 없는 귀한 독자가 신체검사에 건강하게 합격하고 입대해서 제대할 날만을 기다리다가 이런 통보를 받는다면 대가 끊어지고 하늘이 무너지는 느낌일 것이다. 지휘관들이나 정부 관계자들도 내 자식이라 생각하면서 잘 돌보아야 하지 않을까?

나는 당직으로 근무할 때는 깐깐한 군의관이었다. 평소에는 병실에서 함께 찬양하고 그들과 가족들을 위해 함께 기도해주며 인자하고 따뜻하게 대했다. 하지만 입원해 있는 사병들의 행태가 안타까웠다. 내 동생이나 조카라고 생각되기 때문이었다. 그들은 옆에 써진 명언이나 《성경》 구절에도 관심이 없었다. "사회에 있으면 한참 일하고 공부할 수 있는 인생의 황금기가 아닌가! 지금 너희들은 인생의 황금기에 있는데, 아무 생각이 없이 천장만 바라보고 헛되게 보내고 있으면 아깝지 않니? 다른 데서 가질 수 없는 좋은 환경이니 뭔가 생각하며 큰 것을 얻어서 돌아가야 할 것 아니냐?" 하며 야단을 쳤다. 헛되이 세월을 보내고 있는 사병들을 괴롭게 해서 이들의 잠자는 인생을 깨우기로 한 것이다. 이렇게 했더니 내가 당직일 때는 온 병실이 점호 준비하느라 부산하고 선임병이 사전 점검을 한 후 점호를 받는다. 그 결과 주변에 있는 명언과 《성경》 구절을 모두 외우는 등 확실하게 효과가 있었다.

군대란 참 좋은 교육장이다. 어느 곳에도 경험할 수 없는 좋은 환경이다. 부잣집 출신과 가난한 집 출신, 착한 성품과 착하지 않은 성품, 부지런한 사람과 게으른 사람, 다양한 사람들과 함께 먹고 자고 생활하면서 서로 배우며 친구가 될 수 있는 곳이다. 어떤 군의관은 전방에 갔는데, 바쁘지 않아서 사법고시 공부를 해서 합격을 했다고 한다. 또 내 친구 처남은 별로 공부 성적이 좋지 않았는데 군 헌병대에서 구타당해 입원해 있던 중 의사가 되고 싶은 꿈이 생겼다. 장기간 입원해 있는 동안 열심히 공부해서 훗날 의사가 되어 수많은 환자들에게 사랑을 베풀고 있다. 그 외에 군대 갔다 와서 달라진 사람은 수없이 많다.

군대에서 지뢰를 밟는 사람은 신병보다는 제대를 눈앞에 두고 있는 고참 병장이 많다. 군 생활을 잘 안다고 생각해서 주의를 소홀히 하는 경우가 가끔 있다. 우리는 항상 주변을 둘러 보며 도와야 할 사람이 있는지 살펴보아야 할 것이다. 우리가 조금만 보살피면 운명이 바뀔 사람이 많기 때문이다.

지역 사회 문제까지도
나의 것으로 받아들이다
- 환자를 안고, IMF 사랑의 쌀을 나누고

할 일은 많고 해결할 능력은 제한되어 있어서 늘 안타깝다. 우리 집 가까이에 나의 이종형인 공일이 형이 살고 있다. 그는 공무원으로 근무하다가 희귀병이 발생해 수십 년 동안 병원을 전전하느라고 자신의 재산은 물론이고 처가로부터 물려받은 조금 있는 재산까지 다 팔게 되었다. 너무나 가난해 난곡의 조그만 셋집에서 딸과 아들 둘, 부인과 자기까지 다섯 식구가 굴 같은 집에서 겨우 생계를 유지하고 살았다. 장기간 병을 수발하느라 형수도 돈을 많이 벌지 못해 뼈만 남은 행색이다. 아이들 학교도 간신히 보내는 정도였다. 그 어려운 가운데에도 병이 치료된다고 하면 솔깃해서 어느 곳이든 찾아다녔다.

인천에 좋은 한의원이 있다 해서 그곳에 가야 하는데 아무도 데리고 갈 사람이 없었다. 걷지 못해 업고 가야 하니 말이다. 그때 다행히 내 동생 충호가 와서 업고 다녔다. 그런 상황에 큰아들 상기의 다리가 골절되었다. 돈 한 푼을 구하기가 힘든데 어찌하랴. 당시에는 의료보험이 없는 사람이 많았다. 나에게 연락이 왔다. 내가 아이의 다리를 고정해서 안고 형수님과 함께 2시간 동안 버스를 타고 의정부를 지나 105 야전병원까지 갔다. 이 당시에는 예민(군대 조직 체계의 참모 중 예민 참모 – 민간인을 위하는 일, 민간인과 관계를 좋게 하는 일을 하는 참모, 즉 전쟁 때 민간인과 관계를 돈독히 해야 민간인들의 협조를 얻을 수 있기 때문) 차원에서 민간인들을 많이 치료해주었다. 윤웅섭 정형외과 과장이 친절하게 사진을 찍고 캐스트로 고정 치료해주었다. 막힌 것이 뚫린 느낌이고 무거운 짐을 덜은 것 같았다. 가족처럼 따뜻하게 치료해주어 감사했다.

그 후에 공일이 형도 내가 순천향대학 병원에서 전공으로 근무할 당시, 모셔다가 장시간 검사하고 의료보호 카드를 만들어서 무료로 치료받을 수 있게 되었다. 희귀병으로 진단이 나와서 완치되었다. 이제 두 분이 직장에 나가고 어려운 환경에서 잘 자라준 딸 진숙이와 큰아들 상기는 결혼해 효도하면서 잘살고 있다.

개원 초기의 일이다. 시골에 있는 논에서 가꾼 쌀이 올라왔다. 쌀을 더 사서 어려운 분들께 나누어 드리기로 했다. 2동 사무소에 형편이 곤란하신 분들을 조사해달라고 부탁했다. 극빈자라고 명단을 받았다. 아파트가 지어지지 않은 우리 병원 앞은 그 당시 철거민들이 이주해온 동네여서 판잣집도 있고 가건물처럼 허름한 집이 다수였다. 그래서 '이곳을 위해서 무슨 일을 해야 도움이 될 수 있을까?'를 계속 생각했다. 나는 무슨 일이든지 선한 마음으로 할 수 있는 일이면 즉시 하는 것을 원칙으로 삼고 있다. 6동 시장 앞에는 공동화장실이 있어서 늘 긴 줄이 늘어서 있었다. 이렇게 줄 서 있다가 설사가 나면 어떻게 할지…. 이것도 해결해야 할 문제다.

쉬는 날을 택해서 받은 명단을 가지고 일일이 찾아갔다. 지하실 껌껌한 곳에서 우울하게 혼자 사시는 분들이 있었다. 그분들은 고마워하며 반겼다. 그런데 의외로 큰 대문 집에 부자로 사는 이들도 있었다. 물론 고마워하지도, 환영하지도 않아 쌀을 잘못 가져왔다는 생각이 들었다. 당시에는 서류상으로 독립 세대로 만들어서 보조금 및 의료 혜택을 받는 사람도 많았다.

이때 우리는 온돌도 제대로 안 되는 냉방에서 온풍기를 틀고 살았다. 오죽하면 이비인후과를 다녀도 아내의 비염이 잘 낫지 않아 종합병원까지 가서 2개월 이상 치료받았음에도 낫지 않았다. 매일 축농증과 비염이 있어 코를 킁킁거렸다. 안타까워서 보고 있을 수가 없었다. 나중에 내가 직접 치료해서 겨우 나을 수가 있었다.

우리는 난방을 연탄으로 했다. 다른 병원보다 훨씬 더 컸기 때문에 저렴하고 따뜻하게 유지하려면 연탄이 최고였다. 연탄을 나르는 것은 주로 내가 하고, 밤에 가는 것은 아내의 몫이었다. 좀 불편해서 그렇지 굉장히 따뜻했다. 음식점을 하던 곳이어서 쥐가 많이 드나들었다. 일반 집도 아니고 병원에 쥐가 드나들면 안 되어서 끈끈이를 군데군데 놓았다. 그랬더니 쥐만 아니라 둘째 딸이 끈끈이에 붙어서 울고 있었다. 어렵사리 떼어냈다. 직원들도 우리 집에서 우리 아이들과 같이 생활했다. 우리는 집에서도 병원 분위기로 항상 옷을 격식 있게 차려입었다.

아내는 적은 수입에서 음식을 장만해야 했기에 가장 저렴한 쌀과 달걀을 사서 나누어 먹었다. 무엇이든지 이웃에게 나누어 주려면 자신이 쓰는 것을 줄여야 한다. 내가 쓸 것을 모두 다 쓰면 나눌 것이 없다. 쌀도 내가 맛있는 쌀을 먹으려면 나눌 것이 없다. 그 후에도 어려운 분들 중에서 가까이 아는 분들에게 몇 차례 우리 논에서 생산된 쌀을 나누었다. 내가 진료가 끝난 후 작업복을 입고 밤에 쌀을 짊어지고 나가 나누었기 때문에 나를 일꾼으로 알고 일을 시켰다가 뒤늦게 원장인 줄 알고 미안해하는 경우도 있었다. 우리 병원 건물 준공식을 할 때 구의회 의장께서 "이것이 생활에 큰 도움이 되지 않을지라도 그분들에게 삶의 희망을 주고 세상은 나 혼자가 아니라는 위로가 될 수 있을 것이다"라고 말씀하셨다. 우리 아버님도, 직원들도 나누는 것을 기뻐했다.

내가 의료선교회 회장일 때의 일이다. 그때는 외환 위기로 전 국민이 살기 어려울 때였다. 일요일에는 교회의 의료선교회에서 어려운 분들을 진료했다. 외국인 근로자들과 당장 몇천 원이 부담되신 분들, 진료 사각지대에 계신 분들이 오셨다. 이들뿐만이 아니었다. 들어보면 딱한 일이 많았다. 금융위기로 인해 직장을 잃어 당장 끼니를 걱정하는 분들도 계셨다. 이분들을 어찌하면 좋을까? 의료선교회 월례회에 안건으로 올렸다. 어느 성당에서 '사랑의 쌀 나누기'를 한다는 것을 김창환 장로가 소개했다. '사랑의 쌀 나누기'를 하기로 의견을 모았다. 어떻게 나누는 것이 좋을까 생각하다가 교구별로 조사하는 것도 좋지만, 자존심이 상하지 않고 편안한 마음으로 가져갈 수 있도록 하기로 했다.

사랑의 쌀 두 통을 만들어서 거기에 쌀을 채워놓고 교회에서 광고하게 했다. 그렇게 해서 교회의 근처에 있는 어려운 이들도 와서 가져갈 수 있게 했다. 처음에는 회장인 내가 두 가마를 채우고 한 사람씩 자원자를 모아 지속해서 채워갔다. 전도사들이 대신 가져다주는 때도 있었다. 거동이 불편한 사람은 예외이지만, 필요한 사람이 필요한 만큼의 쌀을 직접 가져가도록 했다. 주변까지 알려져 심지어는 그것을 가져다가 파는 사람도 있는 듯했다. 그래서 쌀을 교회 사무실 앞으로 옮겼다. 이것은 당장 먹고살게 하려는 것이지, 팔아다가 돈으로 쓸 사람은 안 된다고 생각했다. 필요하지 않은 사람이 가져가면 절실하게 필요한 사람이 가져갈 것이 모자라기 때문이다.

몇 달이 지나자 반복해서 내기도 했지만, 의료선교회의 힘만으로는 더 지속할 수가 없었다. 교회에 광고해 헌물하실 분을 구구해보았으나 어려워 교회 측에 인계했다. 당연히 교회에서 해야 할 일을 우리가 한 것이다. 그러나 교회에서는 우리가 괜한 일을 만들었다는 눈치였다. 교회가 맡은 후 교구별로 했으나 십일조에서 해야 할 것으로 생각되었다. 나는 교회에서 일을 만드는 사람이 된 것이다. 어려울 때 선한 사마리아인의 역할을 해야 하는 것이 하나님께서 원하시는 일이 아닌가? 진행하는 중에 어려운 분들이 의료선교회에 와서 사랑의 쌀을 주셔서 어려움을 이겨냈다고 고마워하시는 분들도 계셨다. 한참 후에도 감사하는 분들이 계셨다.

진료실에서 만나는 수많은 사람들이 내뱉는 고통의 신음을 세밀하게 듣는 것이 더 중요하다. 누군가는 진료와 무관한 일까지 맡아서 일을 만든다고 비난할지 모른다. 하지만 비난이 있더라도 반드시 해야 할 일이다. 미미할지라도 나로 인해 주변 사람들에게 나도 해야겠다는 생각을 하게 하고, 받는 사람들에게 용기와 격려가 되기 때문에 크든지 작든지 도움을 주고 선한 일을 시작하는 것 자체가 좋은 것이다. 한번 해보라. 하는 사람도 기쁠 것이다.

쓰레기 더미 도림천과
사회 문제의 현장에 뛰어들다

– 의약 분업 등 문제의 해결사로

당신은 당신 앞에 문제가 놓이면 그 문제를 보고 어떻게 하겠는가?

모든 의사들은 기초의학을 전공하신 분을 빼고는 대부분이 마지막에는 개원 의사가 된다. 나는 일찌감치 세상의 변화를 위해 개원 의사가 되기로 했다. 오래전부터 개원할 만한 좋은 자리를 알아보았다. 종합병원에 근무하면서 휴일에는 아버지를 모시고 서울 곳곳을 다녔다. 주로 인구가 많이 모여 있는 곳을 찾았다. 인구가 많아도 여러 방향으로 빠져나가는 곳은 안 된다. 마지막으로 두 군데, 지금 개원해서 운영하는 신림동과 삼양동이 인구가 많았다. 전체 인구는 관악구가 훨씬 많다. 삼양동은 인구가 5만 명 정도 된다. 인구가 조금 적고 공기가 많이 혼탁했다. 관악구는 서민 인구가 많고 동네는 약간 깨끗하지 않고 하천은 쓰레기장이었다.

우리가 살고 있던 동네였고 누나가 교사를 하고 있었으며 연고자들이 많아 이곳을 선택했다.

10여 년 전보다 하천 주변이 많이 좋아졌다. 약 한 달간의 내부 공사를 마치고 1985년 7월 20일, 개원했다. 2층에서 하천을 내려다보니 자연 그대로 울퉁불퉁하게 솟은 바위에 수많은 낙엽과 투기한 쓰레기로 인해 하천을 제대로 볼 수가 없었다. 내일부터 쓰레기를 치우기로 영상의학과 김종원 선생과 의논했다.

다음 날부터 점심을 빨리 해결한 후, 고무장갑을 끼고 쓰레기를 치웠다. 우리 병원 위쪽에서부터 저 아래까지 날마다 쓰레기 더미가 쌓여갔다. 쓰레기 더미가 커지면서 도림천이 참모습을 드러내기 시작했다. 처음에는 엄두가 나지 않던 일이었다. '천리 길도 한 걸음부터'라는 속담이 있다. 하나씩 거두어내니 깨끗해졌다. 이제 쓰레기 더미를 어떻게 치울지 고민이 되었다. 태우자니 연기가 온 동네에 가득하겠고, 하천 둑이 있으니 들어내기도 어렵다. 병원이 있는 신림 2동 사무소에 전화했다.

"더러워서 볼 수 없어서 쓰레기를 모아놨는데 치워줄 수 있습니까?"

"아이구! 좋은 일하셨습니다. 그런데 올해 예산이 다 집행되어 어렵겠습니다."

"그럼 비에 떠내려가면 어떻게 하나요?"

"...?"

"알았습니다. 감사합니다."

그렇게 전화를 끊었다.

건너편 신림 6동 사무소에 전화했다. 전화를 받은 직원은 반색하면서 "애쓰셨습니다. 내일부터 새마을 사업을 그리 정해서 매일 청소하겠습니다"라고 했다. 그 이후로 도림천이 깨끗해졌고 구청에 보고가 되어 86아시안게임과 88올림픽을 거치며 더 깨끗해져 이제는 좋은 산책로와 운동장이 되었다. 어떻게 똑같은 문제를 두고 똑같은 국가의 녹을 받는 사람이 그렇게 다른 반응을 보일까? 왜 한 사람은 무덤덤하고 한 사람은 반색하며, 한 사람은 적당히 근무하고 한 사람은 적극적으로 세상을 변화시키려고 노력하는가?

나는 생각이 깊지 못해서 그 직원을 즉시 칭찬해주지 못했다. 나중에 알아보니 정년 퇴임을 했다고 한다. 앞으로는 그런 일이 있으면 즉시 상을 받게 해서 온 주민이 치하하게 해줘야겠다. 그렇게 해야 공무원의 사기가 진작되고 그렇게 하는 사람이 많아지리라 생각된다.

낙성대 근처 봉천 7동에 살 때의 일이다. 내가 사는 골목과 아스팔트를 깔아놓은 큰길이 깨끗하지 못했다. 당장 철물점에 가서 큰 빗자루를 샀다. 다음 날 아침부터 골목과 큰길을 30분 이상씩 쓸었다. 목은 칼칼하지만 계속 쓸어 집 주변이 깨끗해졌다. 내가 열심히 청소했더니 아버지도 오시면 함께 거드신다. 간혹 손님도 거든다. 아랫집에 사는 연로하신 목사님도 새벽기도를 마치고 나서신다. 깨끗해져서 기분이 좋아졌고 함께하니 더욱 좋았다.

쉬는 날이 다가왔다. 온 골목 사람들 여럿이 비를 들고 나왔다. 골목에 사는 거의 모든 남자들이 나온 것 같다. "그동안 여러 번 보았는데, 직장에 일찍 출근하느라고 못 나왔습니다. 쉬는 날이어서 도우려고 나왔습니다. 고맙고 미안합니다" 하는 것이었다. 많은 사람들의 마음이 움직이기 시작했다. 시작하기는 어렵지만 한 사람이 시작하면 또 한 사람이 오고, 이렇게 해서 세상은 점점 변하는 것이다.

의약 분업을 정부에서 계획해 밀어붙이려 하고 있던 때의 일이다. 의료보험이 되던 시기에 의료보험에 대해 의사들이 관여하지 않고, 의료에 대해 잘 모르던 사람들이 주도해서 모든 것을 체계화했다. 대표적으로 내가 잘 아는 경제학 교수와 국립병원 의료기사들 다수가 주도적인 역할을 해서 이성적이지 않고 국민을 위한 양질의 진료보다는 최소액의 진료비 책정이 최우선의 목적이 되었다. 그래서 이번 의약 분업은 실시되더라도 양질의 진료와 체계화되고 합리적인 방법으로 실시하기 위해 이동준 개원의 협의회 회장, 이근식 내과 의사회 회장, 박형근 총무, 이창훈 부회장과 최병한 소아과개원의 협의회 회장이 의약 분업 준비위원회를 결성했다.

진료가 끝나고 자정이 넘도록 서울역에 있는 도원에 자주 모여서 논의했다. 다른 나라의 사례를 보고, 여러 연구를 할수록 의약 분업을 강행할 필요가 없다고 생각되었다. 나는 언제든지 내게 이익이 없어도 공익을 위하는 일이면 적극적으로 나섰다. 하지만 의료계에 이익이 있을지라도 양질의 진료체계라는 명분에 맞지 않으면, 염치가 없어서 단호히 참여하기를 거부한다. 이제 나의 마음에는 의약 분업은 국민을 위하는 일이 아니기에 해서는 안 될 것이라 판단해 반대하기로 했다. 나는 연구한 결과를 가지고 의약 분업을 해서는 안 되는 이유와 여당의 총선에 있을 참패에 대한 통계를 가지고 여당 정책 위원장 이재정 의원을 만나서 요약한 내용을 설명했다. 통계청에서 자료를 구해서 예상했던 것이 실제 총선에서 그대로 나타났다. 진료를 마치고 활동해야 할 형편이어서 사람을 시켜서 한화갑 사무총장, 이인제, 권노갑 등 여권 실세에게 인편으로 자료를 첨부한 서신을 보냈다.

병원 휴업하는 한 달 동안 병원의 수입은 없고, 임금과 임대료 등은 100% 지급했기에 1억 원 이상의 손실이 있었다. 대부분의 병원은 휴진하지 않았고 개인 의원으로는 규모가 컸다. 영향력이 있는 각 교단 대표와 김수환 추기경님을 만나서 말씀드렸다. 청와대 수석과 심지어 장모님의 친구인 대통령 부인 이희호 여사에게도 문건을 보냈다. 나중에 알고 보니 두 가지의 이유가 있었다.

첫째는 김○○라는 서울대 교수가 김대중 후보가 낙선해서 영국에 가 있던 때 세뇌를 시킨 것이었다. 사실은 영국이 의료제도에 실패했는데, 그 제도를 도입하도록 한 것이다. 의사로서 같은 직업을 가진 의사들에 대해 험담하면서 추진해야 한다고 했으니 넘어갈 수밖에 없었다. 그의 삼촌은 K안과 병원으로 엄청난 수입을 올리고 있어 K대학을 설립할 정도였다. 그의 형님도 거기서 안과 진료를 하고 있었다. 거기에 반해 자신은 공무원으로 수입이 변변치 않았던 것이다. 의료보험 공단에 근무하신 이형석 박사는 의사가 너무 골프 많이 치고 좋은 차를 많이 타는 것도 공직에 있는 같은 의사들의 마음을 불편하게 하니 조심할 것을 당부했다. 그분은 우리 병원 앞에서 소아과 의원을 개원하셨던 경험이 있기 때문이다.

두 번째는 국제통화기금 관리 대상이어서 국제통화기금에서 다국적 제약기업이 의약 분업을 하도록 압력을 가하고 있었기 때문이라 한다. 진료를 중단하고 막대한 피해를 입을 게 분명한 대열에 끼는 이유는 그것이 옳은 일이었기 때문이다.

어쨌든 내외의 조건상 의약 분업을 하기로 결심이 된 상태이기에 누구도 중단시킬 수가 없었다. 그동안 의사들이 진료만 할 줄 알았지, 외부적인 파도는 생각하지 않고 있었다. 그러니 항상 당하고 산 것이다. 때리면 어쩔 수 없이 맞는다는 식이다. 그렇지만 정치력은 제로 상태다. 의사 중에서 국회의원이 나와서 정치력을 발휘해야 하는데, 대다수의 의사가 국회의원이 될 능력도 안 되지만, 거저 시켜준다 해도 못 할 판국이다. 국회의원직을 4년간 수행하고 나면 병원이 파산해서 사라지기 때문이다.

도림천의 쓰레기 더미에 뛰어들어서 아무도 생각지 못했던 문제가 해결되어 시민들의 건강한 삶을 지켜줄 산책로가 되었다는 사실은 내게는 참으로 기쁘고 보람된 일이다. 그리고 이 사실을 전해 들은 사람들에게는 나도 할 수 있고 유익한 일은 이렇게 해서 만들어진다는 생각이 들게 할 것이다. 집 주변을 청소하는 것은 이웃과 사랑을 나누고 끈끈한 유대 관계를 다질 수가 있다. 자녀들에게 성취감을 주고 자신감을 갖게 하며, 큰 교훈이 될 수 있다고 생각된다. 또한 의약 분업에서의 막대한 돈과 시간, 헌신적인 활동은 국민을 위해 양질의 진료를 이루고 후배 의사들이 마음껏 환자를 위해 의술을 베풀 수 있는 풍토 조성을 위해 최선을 다했노라고 말할 수 있을 것이다.

교육만이 우리의 살길

- 우리 교육을 바꾸는 네 가지 방법

　한 사람을 잘 키우면 세상이 변한다. 역사적으로 훌륭한 인물들을 보면 뒤에는 훌륭한 선생이 있다. 자녀 교육에 가장 큰 영향을 끼친 것은 가정과 그 어머니다. 인간적으로 비겁하고 약삭빠른 야곱(Jacob)이 이스라엘(Israel)로 변화된 것은 그 어머니 리브가(Rebekah)의 역할이 있었다. 이스라엘 민족을 가나안으로 인도한 모세(Moses)의 뒤에는 애굽의 공주와 친모 요게벳(Jochebed)이 있었다. 그래서 이스라엘 역사에서 왕을 소개할 때는 어머니를 소개한다.

　교육은 인간이 삶을 영위하는 데 필요한 모든 것을 가르치고 배우는 과정이자 수단이며, 목적은 세상의 빛과 소금이다.

　링컨은 정규학교는 18개월밖에 안 다녔지만, 그의 어머니가 신앙적으로 잘 가르쳐서 미국의 남북전쟁을 승리로 이끌어 노예제도를 폐지한 인물이 되었다. 또한 게티즈버그 연설로 민주주의의 근간을 마련했으며 정직한 정치의 이정표가 되었다. 그는 게티즈버그 연설에서 "국민의, 국민에 의한, 국민을 위한 정부는 영원히 사라지지 않는다"고 했다. 나라를 위해 헌신하신 분들의 뜻을 이어가는 것은 오늘을 사는 우리의 책임임을 잘 명시해놓아 오늘날까지 미국을 변화시키고 있다.

나는 우리나라 교육을 변화시키기 위해 네 가지 방법을 시도했다. 첫째, 직접 가르치는 것이고, 둘째, 모범적인 행동으로 가르치며, 셋째, 장학사업을 하고, 넷째, 사단법인 희망교육을 통한 제도개선을 시도하는 것이다. 우리 후세들을 이 땅의 빛과 소금이 되게 가르치는 것이다. 교회학교 교사로 직접 가르쳤다. 나의 제자들은 평범한 주부, 가장, 목사, 교수, 사장 등으로 교회와 사회의 지도자로 여러 영역에서 선한 영향을 끼치고 있다.

의과대학 입학 후 나는 신앙생활을 하면서 교회학교 교사를 하니 시간이 부족했다. 교회학교 교사로 김천혁, 이영채 선생과 함께 봉사했다. 봉사하고 좀 늦게 끝나면 사모님이 주시는 칼국수를 자주 먹었다. 나는 신앙생활에 대해서 최고의 스승이신 김영배 목사님께 배우고 세례받은 행운아가 된 것이다. 김영배 목사님은 교회를 100개 이상 개척한 목사님이시다. 그는 교회를 세우고 자립하면 교단에 헌납하고, 또 다른 교회를 개척하는 식으로 상업고등학교에 다니실 때부터 개척하셨고 감리교신학대학 1회 졸업생이셨다. 교회를 개척하면 먹을 것을 제대로 못 먹게 된다. 그런데 절약 국수를 만들어 드시는 것을 모르고 열심히 먹은 것 같아 후에 생각해보니 죄송한 생각이 들었다. 일흔 살이 되셨는데 청년들보다 걸음이 빠르다. 심방도 자주 다니시고 온 교우들의 아버지이시며 성자이시다. 교단에서도 부정한 것을 용납하지 않으시며 강직하기로 평이 나 있으시다.

예전에는 일본의 식민지 역사교육으로 인해 우리 국민의 사고방식은 외제나 외국 것은 무조건 좋고 우리의 것은 나쁘다는 사대주의에 빠져 있었다. 일본은 조선 침입을 정당화하고 우리의 정신을 바꾸기 위해서 우리나라 역사를 왜곡했다. 우리나라의 상고사를 모두 불태워 없애고 열여덟 명의 왕이 계승한 단군 왕조를 단군 신화로 바꾸어놓았다. 우리나라의 간도도 청에 양보해서 국토를 토끼 모양으로 고착시켰다. 일본이라는 명칭을 사용한 것도 7세기 백제 멸망 이후이며, 일본의 고대사도 조작이 드러났다. 그래서 중등부 학생들을 가르치면서 자부심과 긍지를 가지라고 이야기했다.

우리나라는 예전부터 찬란한 문화를 가진 강한 나라였다. 우리 민족은 자랑스러운 민족이니 자부심을 가지고 각성하면 옛날의 영광을 다시 차지할 수가 있음을 가르쳤다.

나는 학교나 기관에 현판이 한자로 되어 있는 것이 못마땅했다. 세계에서 가장 과학적이고 쉬우며 자랑스러운 한글을 두고 왜 어려운 한자를 쓰는 것인가. 그들은 뜻글인 한자를 써야 통한다는 것이다. 한심한 발상이다. 영어도 같은 스펠을 써놓고도 문맥을 통해 불편 없이 여러 가지 뜻으로 사용하고 있지 않은가. 또한 중국은 왜 현재 사용하는 중국어로 바꾸었을까?

우리의 장학 사업은 한두 번의 장학금 전달로 모든 것이 해결되는 것이 아니다. 이 장학금이 그들의 마중물이 되게 하는 것이 목적이다. 마중물을 넣어 그들의 삶이 평생 아름다운 삶이 되게 하는 것이다. 또 한 가지 목적은 한 사람을 잘 가르쳐서 그 사람이 세상을 변화시킬 수 있게 하기 위함이다. 장학 사업은 의과대학 시절, 후배가 학업을 중단하게 되었을 때 기독학생회원들이 힘을 모아 학업을 계속할 수 있게 했던 것이 시작이었다. 본격적으로 계속하게 된 것은 병원을 개원해 6개월 만에 빚을 내지 않고 직원들의 월급을 줄 수 있게 되면서다.

성림교회에서의 장학 사업은 김교수 장로님의 안내로 시작했으며 초기에는 몇 개 교회에서 시작했다. 교회에서 전달하는 이유는 이 물질을 맡기신 분이 하나님이시기에 하나님께서 영광을 받으시게 하려는 것이다. 교회에서 전달하면 많은 사람이 이 일에 동참할 수 있어 더 많은 학생들에게 줄 수 있게 되기 때문이다. 체계적으로 공정하게 잘 관리해 주로 성림교회에서 하고, 예외적으로 타교회에도 전달하는 경우도 있다. 성림교회에서는 교인만이 아니라 공개적으로 주변의 어려운 학생들에게 기회를 주고 있다. 또 많은 성도님들이 능력에 따라 사랑의 장학 사업에 참여하고 있다.

장학금 전달식에서 나는 성공담과 장학 사업을 하는 목적을 알려준다. "여러분이 세상을 변화시키는 사람이 되고 꿈을 꾸되 세상이 비웃을 만큼 큰 꿈을 꾸길 바란다", "여러분들이 훌륭한 사람이 되어 더 많은 사람에게 유익을 끼치는 것이 빚을 갚는 것이다"

라고 말한다. 성도들이 모두 일어나 힘껏 박수로 격려한다. 대통령이 박수 받는 것보다 더 열정적으로 1분 이상 박수를 받는다. 이렇게 박수받는 사람들이 되라는 것이다. 장학금을 받은 사람은 평범한 주부와 가장부터 의사, 교수, 사장, 목사, 선교사 등 수 많은 분야에서 선한 영향력을 끼치고 있다.

예를 들면 ,김용훈 선교사는 필리핀 선교사로서 수많은 필리핀 사람들을 주님의 말씀으로 가르치고 있다. 필리핀의 빛과 소금으로 필리핀을 변화시키고 있다. 주정관 교수는 방향을 잃은 우리나라 교회의 빛과 소금이 되고 있다.

교육제도는 사회를 유지하도록 하는 규칙이며, 인간의 행동 방향을 제시하는 것이다. 제도가 잘 정립되면 거기 소속되어 일하는 구성원들이 사명감을 가지고 즐겁게 일하며, 좋은 성과를 내고 행복하게 살 수 있다. 반대로 제도가 잘못된 상태에서는 구성원들이 너무 힘이 들고 양심을 지키기 힘들다. 이를 위해 사단법인 희망교육을 설립했다. 우리나라의 교육제도를 연구해 대안을 내어 제도 개선과 교육 환경 및 학부모들의 의식을 계도하는 역할을 하는 것이다.

1997년 우리는 교육을 지옥으로 몰고 간 원인이 '학벌 위주의 고용'임을 지적했다. 문제가 무엇인지 모름에도 알려고도 하지 않는 것이 아닌가? 정확한 진단이 나왔으면 정확한 처방이 나와서 고쳐졌을 것이다. 1983년 특수 목적 고등학교가 설립되면서 고교 평준화가 사라졌는데도 아직도 이야기를 하고 있다. 그러니 교육제도를 바꾸기만 하면 비용이 더 많이 소요되는 쪽으로 바뀐다. 사람으로 말하면 오른쪽 다리가 곪았는데 왼쪽 다리를 잘라내는 것과 같다. 그래서 문제는 고쳐지지 않고 악화되고 있다. 성한 다리를 잘라서 비용이 더 들고 새로운 문제를 만들어내는 것이다. 구체적으로 말하면 학부모들이 입시를 걱정하게 해서 사교육을 부추기는 듯하다.

우리 교육의 문제는 '학벌 위주의 고용'으로 교육 외부에 문제의 원인이 있다. 그래서 우리는 이 문제를 더 방치하면 큰일이라 생각하고, 1997년 '희망을주는우리교육실현시민연대'라는 임의 단체를 만들어 활동을 시작했다. 여러 가지 정책 제안과 함께 사단법인 희망교육으로 발전했다. "교수 임용 쿼터제(한 대학 출신 상한 30%)"를 모델로 한 취업 쿼터제를 김대중 대통령에게 제안해 김 대통령께서 국무회의에서 교육부장관에게 실시하도록 지시했다.

기득권층은 한 대학 출신 상한 30%를 본교 출신 상한 35%로 말을 바꾸어 기득권을 지켰다. 당시 특정 대학 출신 국회의원이 43%를 차지하고 있어서 법안으로 통과가 가능한 상태였으나 한나라당이 반대하고 있는 교원 정년 단축을 같이 묶어서 법안을 제출해 통과되지 못하도록 했다. 그것도 본교 출신 2/3 상한제로 둔갑해 2000년부터 대통령령으로 실시되게 되었다.

우리나라는 특정 대학을 나오면 취업할 때 전공자가 아닐지라도 모든 면에서 가점을 받아 우선순위로 채용된다. 이것이 잘못되었음을 지적하는 근거는 당시 50년간 지속된 의사국가고시의 수석합격과 합격율에서 알 수 있다. 대학 입시 때 1등부터 200등까지를 선발한 특정대학 출신보다 기타 대학이 더 높다. 그럼에도 열아홉 살에 운명이 결정된다. 수석합격을 한 사람도 특정 대학 출신이 아니면 주류가 될 수 없다. 다시 말하면 학회장이나 타 대학에 교수로 임용되기가 어렵다. 그래서 학계를 장악하게 되어 국내에서는 경쟁이 없어져서 좋은 논문, 노벨상, 고부가 연구 결과가 나오기가 어렵다.

교육제도가 이렇게 바뀌면 출산율의 상승, 자살률 저하, 사교육비의 급감 등 수많은 발전을 가져올 수가 있다. 또 막대한 사교육비의 해결이 국민의 실질 소득의 배가로 되돌아오게 된다. 부정 채용이 없어져서 우리나라의 학문과 모든 분야의 눈부신 발전을 가져올 수 있다. 이러한 사례는 수없이 많다.

스탠포드 대학의 경우는 본교 출신 교수가 1.1%다. 미국의 다른 대학도 쿼터제가 적용되고 있다. 교수 임용 쿼터제만 가지고도 할 말이 많다. 예를 들면 ○○대학은 본교 출신 교수 4%에 특정 대학 출신 96%이고, ○○대학에서는 해양지리학과 전공자 교수 모집 광고를 내어 본교 출신을 뽑지 않고 특정 대학 출신 본인의 후배인 지리학과 전공자를 뽑아 재판이 붙은 경우도 보도되었다.

사)희망교육은 '수화 학교'를 열어 수화 통역사를 양성하고, 인성 교육을 위해 '가족과 함께하는 봉사 학교'를 열며, 사회나 학교에 적응이 어려운 청소년을 위해 '청소년 상담센터'를 위탁 경영했다. 나는 엘리트 교육과 더불어 희망과 즐거움이 가득한 학교를 만들고, 저소득층 자녀에게 기회를 주기 위해 〈기초학습 능력 향상을 위한 진급 자격제〉 논문을 쓴 적이 있다. 영어 교육을 통한 외교 및 안보까지 연계한 사업 구상도 가지고 있다. 탈선과 가정 파괴 등 갖가지 부작용을 가져오는 외국어 연수를 위해 매년 3조 원이 지출되어 영어 마을을 주창했다. 자폐아 아들을 둔 고 김영술 대표는 세종문화회관 공청회를 통해 자폐아 통합 교육을 위한 보조교사 예산 65억 원을 국가 예산으로 편성하게 했다.

2018년부터 창의력 교육의 바람이 일어나고 있다. 그 씨앗은 김경희 교수다. 그녀는 워싱턴에 있는 윌리엄 앤 매리대학의 종신교수로서 세계적인 창의력 교육의 권위자다. 저서로는 《미래의 교육》과 《틀 밖에서 놀게 하라》가 있다.

창의력 교육이란, 아이가 하고 싶은 것을 재미있게 하면 잘할 수 있고, 또 그 분야에 필요한 다른 분야의 공부도 의욕적으로 하며, 다른 전문가와 교류해 전문성을 가지고 세상을 바꿀 수 있는 혁신가가 된다는 것이다.

창의력 교육에 큰 기대를 가지고 있는 수많은 학부모와 선생님이 계신다. 실타래처럼 얽힌 교육 지옥이 해결되어 우리 자녀들이 재미있게 살고 이들에 의해 나라가 발전하길 바란다. 사교육 문제가 해결되고 결혼율과 출산율이 오르며 국민의 실질 소득이 배가되길 바란다. 좋은 연구와 노벨상이 나오고 4차 산업혁명 시기에 우뚝 서는 나라가 되길 바란다. 선한 정치인이 앞장서서 해결할 수 있길 기대한다.

4장

어깨의 힘을 빼자
다른 세상이
보이기 시작했다

환자를 사랑할 수밖에 없는
의사라는 직업

따뜻한 마음이 없는 자가 의사가 될 수 있겠는가? 의사라는 직업은 사랑하는 마음, 사람을 좋아하는 마음이 있어야 될 수 있다. 사람을 대하기 싫어하는 사람이 의사가 될 수 있겠는지 상상해보라. 사람을 그리 좋아하지 않는, 공부만 아는 외골수 학생이 의과대학에 지원했다고 하자. 그래서 환자와 대면하기가 싫으니 기초학문이나 예방의학과를 전공했다고 하자. 학문 자체가 재미없을 것이다. 자신이 좋아하는 분야를 연구할 때, 재미가 있고 연구 업적이 생기는 것이다. 설령 사람 대하기를 싫어하는 사람도 의학을 하려면 사람에 대해서 관심을 가지고 관찰하게 된다. 우리가 잘 알고 있는 내용이지만 생각을 반복하면 생각하는 대로 말을 하게 된다. 말을 반복하게 되면 그러한 행동을 하고, 그런 행동을 반복하면 습관이 된다. 습관이 반복되면 인격이 그렇게 형성된다. 여러분은 냇가의 돌멩이를 자세히 관찰해본 적이 있는가? 모난 돌을 본 적이 없을 것이다. 긴 세월 동안 물과 옆에 있는 돌과 부딪혀 울퉁불퉁한 곳이 문질러지고 깎여서 동글동글한 돌멩이로 변화된 것이다.

따뜻한 마음을 가지지 아니한 사람은 의사가 될 수 없다. 환자가 경제적으로 어려우면 병원에서는 어떤 혜택을 받을 수 있을까? 제약사에서 시행하는 연구 대상자에 넣어 무료로 해주는 경우도 있다.

결핵 환자는 전염력이 강하고 또 치료도 잘 안 하는 경우가 있다. 보건소에서 무료로 치료해준다 해도 먹고살기가 힘들고 일해야 하기 때문에 약도 먹다 말다 하는 경우가 많다. 이런 환자들 중에는 약에 잘 치료가 되지 않는 내성균을 가진 환자들이 많다. 사실 의사들은 작업 환경이 최악이다. 그런 분들에게서 병이 의사에게 전염된다면 역시 치료가 잘 안 된다. 잠도 제대로 못 자고 밥을 굶기도 자주 하기 때문에 다른 환자들처럼 치료가 안 될 수도 있다. 그런 생각을 하면 어떻게 치료를 하겠는가?

어느 날, 객혈을 심하게 하는 환자가 왔다. 흉부 사진을 찍어보니 양쪽 폐가 많이 손상되었다. 차림이 남루한 것이 될 대로 되라고 아무렇게나 살았을 것 같았다. 아니면 그날그날 벌어서 먹느라고 치료도 못 받고 살아온 것 같다. 아들과 딸이 있다고 했는데, 딸은 공장에 다니고 있고 아들은 군 복무 중이라 했다. 중환자실로 입원했는데 중환자실은 입원비가 비싸 걱정이 됐다. "내가 최

대한 비용이 덜 들도록 해보겠다"고 딸에게 이야기했다. 그래서 2일간 치료하고서 객혈이 멈추어 딸을 불렀다. "치료하기도 어렵고 아직 완전한 상태는 아니지만, 비용이 덜 들어야 하니 일반 병실로 옮기려고 하는 데 동의하느냐?"고 하니 그렇게 하겠다 한다.

일반 병실로 옮겨 3일간 치료했다가 또 객혈을 해 중환자실로 다시 옮겼다. 3일 치료하고 다시 일반 병실로 갔다. 그러기를 몇 차례 하던 중, 중환자실에서 치료하다가 밤중에 돌아가셨다. 아침 10시경, 응급실에서 환자 진료가 끝나고 올라가려는데 환자 보호자가 나를 찾는다고 했다. 여러 환자 보호자가 몰려왔다. 그중 군인이 앞에서 왜 돌아가셨냐고 덤벼들 자세로 따진다. 아들이었다. 보호자들을 모두 의자에 앉게 했다. "처음부터 따님에게 설명한 대로 병이 심해서 언제라도 돌아가실 상황이었다. 그러나 다행히 피가 멎어 가능성이 있는 듯했고 나는 치료비가 적게 들게 하려고 조금만 좋아지면 일반 병실로 옮겨서 치료했다. 우리는 최선을 다했지만 안타깝게도 돌아가시게 되었다"라고 말하니 다행히 이해가 되었는지 흥분을 가라앉혔다. 딸은 고맙다고 말했다.

어느 늦은 가을, 응급실에 63세의 유공순이라는 여자 환자가 걸어서 들어와 진찰대에 누웠다. 환자는 곧 의식이 없어졌다. 검사를 하고서 입원을 했지만, 중환자실이 과포화 상태여서 일반 병실로 들어가게 되었다. 환자는 금세 더 악화되었다. 여러 가지 검사를 해도 원인을 발견할 수가 없었다. 신경학적으로도 원인을 찾을 수가 없었다. 힘겹게 알아낸 진단은 뇌척수막염이었다. 중환자실로 옮겼다. 정성을 다해 치료했다.

하지만 다른 병까지 병발되었다. 간염이 생기고 패혈증까지 와서 자주 경련을 일으켰다. 한 달간 입원해 있을 때 교과서에서 나오는 검사는 모두 했지만, 경련을 일으키는 원인도 찾을 수가 없었다. 나는 이 환자에게 매달려서 치료했다. 환자의 사위는 교회의 장로이고, 딸은 권사로 매일 새벽에 울부짖으며 기도한다고 했다. 경과가 좋아지지 않는데 내가 중환자실에 들어갈 때마다 앞에서 어떠냐고 물었다. 나는 한결같이 "기도하며 최선을 다하자"고 했다. 그때마다 성경 로마서 8장 28절("우리가 알거니와 하나님을 사랑하는 자 곧 그의 뜻대로 부르심을 입은 자들에게는 모든 것이 합력하여 선을 이루느니라")을 읽고 기도하라고 했다. 남동생은 서산에서 일하고, 본인들은 서울에서 골프용품을 제조하고 팔아 형편은 넉넉지 않은데 장기간 중환자실에 입원하니 비용이 많이 들어 걱정이었다. 오시는 김 교수님은 자꾸 악화되니 희망이 없어 하셨다. 그렇지만 나는 꼭 붙잡고 똑같은 대답만 했다.

너무 답답한 보호자들은 후배 인턴 선생에게 당신 어머니면 어떻게 하겠느냐고 물으니 모시고 가겠다고 했단다. 시골에서 환자의 시숙과 다수가 면회를 왔다. 그들은 보호자에게 "아무것도 없는 것들이 이러다 재산 다 날리겠다. 이만큼 살았으면 되었으니 시골에 가서 굿이나 한번 해보고 끝내자"고 했다. 마지막으로 나에게 질문했지만, 같은 대답을 했다. 일주일이 지나면서 패혈증은 완치되었고, 경기가 멈추며 황달과 간 기능이 정상으로 돌아왔다.

입원해서 약 2개월이 되자 의식도 돌아왔다. 환자 가족들은 애써 주셔서 고맙다고 칼국수를 사겠다고 했다. 그러더니 나에게 의형제를 맺자고도 했다. 그 후 3개월 정도 재활치료를 받고 완전히 나아서 시골에 가셨다.

여러분은 몇 년을 살 것이라고 생각하는가? 100년? 120년? 150년? 100년과 150년은 숫자상으로 큰 차이가 있다. 그러나 영원한 시간 속에서는 별것이 아니며, 두 기간 간의 차이도 별것 아니다. 우리는 이렇게 한정된 삶을 살면서도 죽음 없이 영원히 살 것처럼 살고 있다. 내가 진료하는 요양병원에는 희망이 없는 분들이 고통 없이 삶을 잘 마무리하려고 오신다. 아무 희망도 없이 무표정한 얼굴로 온다. 내가 하는 일은 그들의 고통을 덜어주고 사는 동안 희망을 품고 살 수 있도록 하는 역할이다. 그들은 아무것도 하지 않으려고 한다. 어떤 분들을 먹지도 않는다. 상처를 치료하거나 주사 맞는 것과 검사하는 것도 원치 않고, 어떤 분은 눈도 감고 있다. 어떤 이는 들어가면 눈도 안 뜨고 감고 있다. 그들은 아프지만 않게 해주기 바란다. 가족들 역시 '우리 어머니, 아버지, 우리 남편을 아프지 않게 해주세요'라고 말한다.

그들에게 나는 "생각을 바꾸어 희망을 가지라"고 말한다. 나는 회진할 때 큰 소리로 힘 있게 인사하며 들어간다. 그들에게 힘을 전하기 위함이다. "세상에 수백 년 사는 사람이 있는가? 수백 년을 살아도 그날이 오면 오늘 우리와 마찬가지다. 건강한 모든 이들은 자신에게는 죽음이 절대로 오지 않을 것이라고 생각하면서 살고 있다. 그러던 사람들이 하루에 교통사고로 평균 8.4명, 1년이면 3,079명(2020년 통계)이 가족과 이별을 한다. 아무 병이 없이 저녁까지 있다가 아침에 못 일어나는 경우도 있다. 우리는 금방 사라질 것 같았으나 지금 몇 달씩 살고 있다. 생각하면 우리나 건강한 사람이나 차이가 없다. 암에 걸리면 금방 돌아가는 것 같았으나 몇 년씩 사는 사람이 많다. 이렇게 생각하면 여러분이 훨씬 낫다는 생각이 든다. 매일 영원히 살 것처럼 희망을 가지고 행복하게 사는 것이 가장 중요하다"고 강조한다.

지금 나는 과거 정상인을 치료할 때보다 훨씬 사명감 넘치게 근무하고 있다. 이들의 얼굴이 밝아지고 있고, 눈을 안 뜨던 분이 눈을 뜬다. 웃지 않던 분이 웃는다. 무반응이던 뇌졸중 환자가 반응을 한다. 이렇게 매일의 변화가 일어나고 있어 감사하고 기쁘다. 의사는 환자를 사랑할 수밖에 없는 사람들이다. 사명감이 없으면 할 수 없는 직업이다. 같은 목적을 가지고 15년간 반복해 훈련하기 때문에 그렇다. 자기와 무관한 사람들까지도 관심을 가지고 사랑할 수밖에 없다. 육신에 중병이 들었어도 건강한 생각을 하면서 살면 행복할 수 있다는 것을 모든 사람이 알기를 바란다. 나는 죽음을 앞둔 분들에게 희망을 전하며 이전보다 더 행복한 삶이 되게 치료하는 의사로서 보람을 느끼며 살고 있다.

작은 공간에서
큰 세상을 바라보다

당신은 말 못하고 귀가 안 들리는 농아인을 보면 어떤 생각을 하는가? 어느 날 농아인 환자가 말은 하지만 귀가 들리지 않는 환자와 함께 왔다. 수화를 배운 우리 간호사가 모시고 온 것이다. 이분은 김복순이라는 농아인 교회 임규현 목사 사모다. 남편은 완전 농아인이고 신학 대학을 졸업한 후, 목사가 되었다. 자신은 열 살 때까지 정상인으로 교육을 받으며 김인하라는 순천 지역 국회의원 가정에서 행복하게 살고 있었다고 한다. 그런데 갑자기 귀가 안 들리기 시작했다. 그때부터 입을 보면서 대화하고 수화를 시작한 것이다. 거기에 하나의 사명을 더 받았다. 남편인 목사를 도와 농아인 목회를 하게 된 것이다. 그뿐이 아니다. 아들 임진호는 자폐아다. 유일하게 정상인은 딸 임지혜뿐이다. 나는 지혜를 특별히 귀하게 여긴다. 그 어려운 십자가 집안에서 동생을 돌보며 엄마, 아빠를 돕는 귀한 학생이다. 김복순 님은 자기 부부 일이나 아들 진호 일만 가지고도 힘이 들 텐데, 그것도 보통 목회가 아닌 농아인 목회는 말로 할 수 없이 어려울 텐데도 농아인 교우들이 원하면 언제든지 그분들을 모시고 와서 통역을 해준다. 또 사단법인 희망교육의 수화학교에 와서 수화강의를 계속해주신다. 보통 사람보다 많은 일을 하고 있는 것이다.

여러분은 기회 균등한 교육이란 무엇인지 생각하고 활동해본 적이 있는가? 대부분 정상인을 위한 교육에 치우친 것이 사실이다. 임규현 목사는 농아인을 위한 기회 균등의 교육을 위해 수화교본과 영상 수화교육 과정을 만들었다. 또한, 수화성경과 영상을 만들었다. 여러 해 동안의 심혈을 기울인 작업이었다.

우리나라 외국어 교육에 대해서 어떻게 생각하는가? 1992년 김영삼 정부에서 초등학교의 조기 영어 교육을 시작하면서부터 영어 열풍이 불기 시작했다. 각 학교에 원어민 교사를 뽑고 많은 물의를 일으켰다. 교육방송에서도 영어 교육 프로그램을 늘렸다. 아무런 생각도 없이 로드맵도 없이 선포만 된 것이 아닌가 생각된다. 우리 아이의 영어를 언제부터 가르쳐야 좋은지 고민하게 된다. 영어를 자연스럽게 배우고 말하게 해야 한다면서 돌 때부터 영어책을 읽어주고, 네다섯 살이 되면 영어 교육을 본격적으로 시작하는 부모들도 늘고 있다. 백화점 문화센터에서는 엄마와 아이가 함께 원어민 교사에게 영어를 배우는 강의가 개설되었다. 일주일에 한 번뿐인 수업이지만 어렸을 때부터 어린아이에게 영어를 친숙하게 접해주려는 부모들 사이에 인기가 높다. 이 프로그램은 보통 한 달 전부터 접수하면 첫 주에 마감이 되어 인기가 높다.

한 초등학생을 대상으로 하는 강남의 영어 전문서점에는 한 살짜리 아이들에게 영어를 가르칠 수 있는 다양한 교재들이 진열되어 있다. 이런 책들은 색감도 다양하고 모서리를 천으로 만들어 안전까지도 신경 썼다. 취학 전이나 초등학교 저학년 아이를 둔 엄마들이 집에서 엄마가 영어를 가르치기 위해 직접 수업을 받고 있다. 직접 가르치면 사교육비가 덜 들고, 영어를 더 자연스럽게 받아들일 수 있기 때문이다. 간단한 이야기는 영어로 해주기도 한다. 간식 하나를 줄 때도 영어로 한다. 심지어 영어를 못해서 한이 되었던 어떤 이는 태교처럼 태담을 "I'm your mommy. I love you. See you soon"과 같이 영어로 한다. 한 어머니는 아들에게 가르쳐준 영어 교육 방법을 전해주기 위해 교회에서 강의하고 있다. 인터넷 카페 회원만도 만여 명이 넘을 정도로 영어 조기교육에 대한 열기가 대단하다.

영어 유치원에 보내는 시기도 빨라졌다. 우리 손녀도 영어 유치원에 다니면서 중학교 수준의 우리말 질문을 영어로 묻고 대답한다. 깜짝 놀랄 수준이었다. 그런데 조기 영어 교육이 반드시 좋은 것만은 아니다. 동덕여대 우남희 교수는 영어 유치원에 1년 반 넘게 다닌 어린이들과 사교육을 받지 않은 공동 육아 시설의 어린이들의 창의력을 비교하는 연구를 했다. 같은 그림을 보여주고 떠오르는 대로 상황을 묘사하게 했는데, 영어 유치원에서 영어를 배운 어린이는 다섯 가지 답을 했고, 공동육아 어린이집에 다닌 어린이는 열세 가지나 되는 창의적인 답을 내놓았다.

다음에 두 개의 직선으로 어떤 그림을 그릴 수 있는지 물었다. 영어 유치원에 다니는 어린이는 다섯 가지를 그릴 동안 공동육아 어린이집에 다니는 어린이는 열두 가지 아이디어를 냈다. 언어 창의력은 평균 24점, 도형 창의력은 평균 21점으로 공동육아 어린이집에 다니는 아이들이 높았다. 유아기에 학습하는 외국어가 창의력 발달에는 좋지 않은 영향력을 끼친다는 결론이다. 3~5세에 사고가 막 발달할 때인데, 이때 언어는 사고를 촉진시켜준다. 언어가 사고를 촉진시켜주는 시기에 낯선 외국어를 배우다 보면 사고력에는 오히려 좋지 않을 수 있다.

피아노를 능숙하게 치는 아홉 살 예은이의 사례다. 예은이 엄마는 예은이에게 17~30개월까지 영어 조기교육을 위해 비디오를 틀어주었다. 아이가 집중하는 것 같아 하루에 열 개씩을 보여주었다. 그런데 30개월이 조금 못 되어 외가에 갔는데 애가 불러도 눈도 마주치지 않고 고개만 숙이고 있다며 이상하다고 했다. 시어머니는 애 보고 말도 못 한다고 꾸중을 했다. 엄마가 불러도 대답을 안 했다. 다행히 자폐를 조기에 발견해서 완치할 수가 있었다.

최근 사교육비가 많이 들어서 젊은 부부들의 경제 생활을 크게 압박한다. 교육을 시키지 못하는 부모들은 상대적인 박탈감을 느낀다. 이러므로 국가적으로는 아이들을 낳지 않아 출산율 저하로 이어진다. 이어서 결혼도 못 해 건전한 가정 형성이 어렵게 된다. 언어는 우리 아이의 창의력을 발전시켜서 장래에 행복하고 윤택한 생활을 하기 위한 수단이다. 그런데 결과는 반대로 가기 때문에 다시 한번 국가적·개인적으로 심각한 검토를 할 때가 도래했다. 0~3세까지는 감정과 정서의 뇌가 빠르게 발달하고, 만 6세까지는 종합적인 창의력이, 12세까지는 언어를 포함한 학습 능력이 왕성하게 발달하는 시기임을 유념해야 하겠다. 따라서 외국어도 6세 이후인 초등학교 때부터 배우는 것이 효과적이다.

우리나라는 외국어 교육만으로 매년 3조 원의 막대한 부가 유출된다. 그러나 외국에 나가서 부모의 통제를 벗어나 자유로운 상태에서 마약을 배우고 나쁜 것을 더 많이 배우고 온다. 조금 편리하고 다른 사람보다 좋은 직장에 들어가기 위한 투자가 큰 화를 불러오는 경우가 많은 것이다. 이 모든 것이 진료를 통해 알게 된 부모들의 병의 원인인 것이다.

우리나라에서 영어 마을을 만들어서 실시하면 가난한 이들도 비행기 삯 없이 지렴하게 교육을 받을 수 있을 것이다. 대기업 연수원이나 공무원 연수원은 쉬는 기간에 저렴하게 사용할 수 있다. 1년에 국가적으로는 3조 원을 아낄 수 있다. 우리 자녀의 해로운 부작용과 영어 해외연수로 인한 가정 파괴도 막을 수 있다. 그리고 다른 나라 외교부를 통해 해외에서 영어 교육 전문가들을 고가의 보수를 주고 초청하면 양질의 교육과 정확한 세금 납부, 저질 교사들이 일으키는 부작용도 막을 수 있다. 5년씩 교대로 잘 관리하고 대접하면 그들이 우리의 외교관이 되고 안보에 기여할 수도 있다. 또, 무역 쿼터까지 되어 우리나라에 여러 가지 유익을 끼칠 수 있다. 똑같은 영어 교육을 시행해도 관리들이 조금만 생각하고 연구하면 저렴한 비용으로 양질의 교육과 엄청난 긍정적 효과를 거둘 수 있다.

우리는 교육의 목적이 무엇인가를 생각하면서 새로운 정책을 시행해야 한다. 아무 대책도 연구도 없이 공무원들이 새로운 정책을 내놓아 학부모들에게 엄청난 부담을 안겨준다. 또한 새로운 사교육 시장을 만들어 사교육 업체에 막대한 이익을 안겨주어 정책 시안자들에게 반대급부도 주어지지 않는지 의심스럽다. 정책 입안자들은 어떻게 하면 국민에게 부담을 적게 주고 양질의 이익을 돌려줄 수 있는가에 대해서 생각하며 정책을 만들고 시행해야 할 것이다. 어디 이런 것이 교육뿐이겠는가? 공사를 할 때도 시행 후에 공사비가 자꾸 올라가는 이유는 무엇일까? 온 국민이 이 방면에도 관심을 가지고 감시해야 할 것이다.

인사 잘하는 의사
- 치료는 신뢰로부터

　여러분은 인사를 잘하는 사람을 보면 어떤 생각을 하는가? 인사는 사람들 사이에 지켜야 할 기본적인 예의다. 인사는 말이나 행동, 표정 등 다양한 방법으로 이루어진다. 인사의 일반적인 기능은 사람들 사이의 소원 및 단절을 막고 우호감을 낳게 하며, 집단 구성원들 간의 연대를 강화하는 구실을 한다. 이 밖에 우리나라 어법상 당시의 사회적인 위계 서열을 나타내는 지표 구실을 하기도 한다. 따라서 인사는 민족, 시대, 계절, 시간, 조건, 계급, 신분, 종교, 직업, 연령, 성별 등에 따라 각기 구분이 있어 행동 양식을 달리한다. 이러한 인사법은 '상례'에 자세히 기록되어 있으나 아침, 점심, 저녁이 다르고, 상봉, 이별, 문안, 안부 경조 등 매우 까다로운 인사 방식이 있다. 근래에는 서구의 영향으로 인해 많은 변화를 가져와 악수와 포옹 같은 서구식 인사법도 행해진다.

다른 사람과 관계가 좋아지고 성공하려면 인사를 잘하길 바란다. 대인 관계에서 인사를 잘하면 50% 이상 성공이 보장된다. 의과대학에서 배운 진단학 책에서도 환자를 만나면 제일 먼저 인사해야 한다고 가르친다. 환자와 친숙감 및 일체감이 형성되어 소통할 수 있다는 것이다. 나는 어렸을 때부터 마을 위쪽에서 만나 인사드린 어르신을 마을 아래에서 만나면 또 인사를 드렸다. 모두 좋아하시며 칭찬하셨다. 우리 집에 오신 손님들도 모두 인사를 받으시며 칭찬하셨다.

한 회사에 인사를 잘하는 여자 직원이 있었다. 회사에 들어갈 때 경비하시는 분께 늘 인사를 했다. 퇴근할 때도 마찬가지로 하루도 거르지 않고 인사했다. 하루는 이 여성이 냉동창고에 물건을 검사하러 들어갔다. 검사하는 중에 문이 닫히면서 잠겼다. 아무리 문을 두드려도 밖에서는 들리지 않았다. 냉기에 온몸이 추워지고 얼어붙는 듯했다. 이제는 꼼짝없이 얼어 죽는구나 하고 있는데, 경비하시는 분이 문을 열었다. 날마다 인사를 상냥하게 하는데 오늘 저녁에는 이 여자 직원이 인사를 하지 않아 무슨 일이 있나 하고 회사 곳곳을 찾아보다가 마지막으로 냉동창고를 열어본 것이었다. 다른 직원들은 경비하시는 분을 대수롭지 않게 여겨 무시하며 대다수가 인사를 안 하는데, 이 여직원만이 깍듯하고 늘 상냥하게 인사했기 때문에 목숨을 구한 것이다.

나는 환자분들에게 인사한다. 인간의 예의이기 때문이다. 상대방을 존중하고 인정한다는 마음으로 인사한다. 어르신들께 일어나서 인사를 드린다. 연세가 많은 분들이 더 예의가 바르시다. 이번에는 꼭 자신이 먼저 인사하려 했는데 또 놓쳤다고 하신다. 아주 좋아하시고 미안해하신다. 인사로 혁명도 이룰 수 있다. 우리는 혁명이라면 총칼을 생각하게 된다. 하지만 총과 칼은 일시적인 힘을 발휘할 뿐이지, 우리 마음을 움직일 수는 없다.

초기에는 우리 병원에 소아과 환자들이 많았다. 나에게 교의를 맡아주기를 원하는 학교가 많아서 우리 병원에 오시는 환자를 등한시할까 봐 나는 "이러이러한 학교의 교의를 맡고 있어서 제가 진료를 성실하게 하려면 더 이상 맡으면 안 될 것 같습니다. 양해해주시길 바랍니다" 하며 보건 선생님들께 사정 이야기를 하고 교의 맡는 것을 제한했다. 요청하시는 것을 거절한다는 것은 대단히 죄송한 일이다. 우리 병원에 와서 치료받던 아이들이 학교에 진료하러 갔을 때 반가워하며 뛰어와 인사한다. 그중에 조카들(조경주, 영주, 용혁)도 있어 반기지만, 우리 병원에 다니던 아이들도 친한 가족이 온 것처럼 반가워했다. 물론 물론 그들에게 부응해 따뜻하게 해주기 위해서 노력했다.

언제나 소아과 환자가 들어오면 그의 이름을 부르면서 "○○○, 안녕하세요?" 한다. 자기의 이름을 불러 주어서 좋고, 의사 선생님이 자기에게 머리를 숙이면서 공손하게 인사하니 신기하기도 한 것이다. 요즈음 아이들은 학교 선생님 외에는 인사를 해본 적이 거의 없다. 그래서 인사한다는 것이 어색하다. 그런데 어른이 먼저 인사하니 더욱 어색해한다. 옆에 있던 엄마가 "얘, 네가 먼저 인사해야지! 어른이 먼저 인사하면 되니?" 그러면 마지못해서 인사한다. 그 다음번에는 어색함이 조금 덜하다. 횟수가 반복되면 누가 먼저랄 것 없이 나와 아이들은 서로 인사하며 자연스럽게 친숙해진다. 간혹 동네에 일을 보러 나가면 아이들이 어디서 보았는지 "선생님! 의사 선생님!" 하면서 달려온다. 그것도 단체로 달려온다. 그리고 와서 나와 정담을 나누고 간다. 10동에 사는 이상훈 어린이는 나와 인사를 나눈 후 병원에 와서도 씩씩하게 인사를 잘하고, 동네에서 인사 잘하는 어린이로 소문이 났다. 어떻게 아이들을 이렇게 잘 가르쳤느냐고 동네에서 칭찬이 자자하다. 상훈이도 칭찬받고 그 가족들까지 칭찬을 받는다. 칭찬을 받아서 싫어할 사람이 있겠는가? 상훈이의 누나 역시 인사를 잘했다. 그 뒤로 15년 이상 지났을 것 같다. 내가 이윤상 안과에 안경 때문에 진료를 받으러 갔더니 간호사가 나를 보고 반갑게 인사한다. 상훈이 누나 상희였다. 인사의 씨앗은 참으로 놀랍다. 이러한 분위기가 모든 의사와 동네 사람들에게 확산된다면 마을이 뜨거운 사랑의 공동체로 새로워질 것이다.

한번은 영하 10도 이하로 떨어져 매섭게 추운 밤에 진료를 마치고 아내와 함께 누님댁에 가면서 중앙 시장 앞을 지나고 있었다. 칠흑같이 깜깜한 날이었다. 고요한 가운데 아내가 무슨 소리가 난다고 했다. 우리는 소리가 나는 쪽으로 다가갔다. 사람 소리였다. 누군가 술이 잔뜩 취해서 누워 있었다. 자세히 보니 건어물집 이태선 님이다. 주변을 수소문해서 집을 알아냈다. 아내와 함게 그분을 안고 집으로 모셔다드렸다. 인사를 하고 친하게 지내다 보니 세미한 소리에도 관심을 쓰게 되었고, 그분을 살릴 수 있게 되었다. 그 시간에 그곳을 지나게 하신 하나님께 감사드린다. 그 뒤에 그분과 더욱 친하게 되었고 아내가 시장에 가면 친숙한 인사를 나누게 되었다 한다. 이 영감님은 술을 끊으시고 그 후 20년도 더 살고 계신다.

인사를 나눈다는 것은 사랑의 접착제다. 서로를 이해하고 친숙해지며 인사를 나누는 사람들끼리 유대 관계가 더욱 두터워진다. 진료의 시작에 인사하면 신뢰가 생기고 환자는 마음 문을 연다. 마음 놓고 자신을 의사에게 맡기게 된다. 나와 인사를 나누는 사람뿐 아니라 모든 사람이 서로 칭찬하게 되고 이웃을 배려하면서 살게 된다. 각박한 세상을 새로운 세상으로 만드는 데 중요한 요소는 돈이 필요 없는 마음을 담은 인사다.

음악 치료와 영상 치료를
시작하다

　전인격적인 치료를 들어보았는가? 전인격적인 치료란, 육체적인 질병뿐 아니라 마음의 질병까지 치료하는 것으로, 실제적인 치료의 원칙이다. 특히 내과는 전인격적인 치료가 중요하다. 나는 전인격적인 치료를 목적으로 치료하고 있다. 나는 하루를 살면서 다른 사람이 하는 일 외에 한 번에 세 가지를 생각한다. 첫째는, 어떻게 하면 환자를 잘 치료해서 환자를 편하게 만들 것인가? 둘째는, 어떻게 하면 모든 사람이 희망을 가지고 사는 기회 균등하고 행복한 세상을 만드는 데 동참하게 할 것인가? 셋째는, 어떻게 하면 세상이 영적으로 예수 믿고 구원받게 복음화될 것인가? 이러한 생각을 하며 일하게 된다.

　세상을 바르게 만드는 일은 참으로 많다. 어른이나 청소년, 아이들이 문제에서 해방되도록 하는 것이 치료다. 이 이야기를 듣고 어떤 이들은 의사가 병 고치는 일만 하지, 쓸데없는 생각을 하고 있다고 할 수도 있다. 그것은 치료에 대해서 잘 알지 못하고 하는 말이다. 질병의 대부분이 마음에서 발생한다. 자신의 삶, 가족 간의 관계성과 문제, 이웃 간의 관계, 돈 문제, 직장 문제 등을 상담하는 전인격적인 치료가 이루어져야 근본적인 치료가 되는 것이다. 물론 제일 좋은 치료는 예방의학적으로 정치·사회가 원칙이 적용되고 억울한 사람이 없어야 한다.

결혼하지 않고 형제자매들을 위해 가장 역할을 해온 60대 여성의 이야기다. 그녀는 형제자매들을 돌보기 위해 사사건건 신경을 쓰면서 살아서 30년 이상 두통에 시달리고, 가슴이 답답하고 소화도 안 되는 등 다양한 증상을 가지고 우리 병원을 찾아왔다. 나는 그분의 말을 들으면서 상담하고 나서 "당신은 하나님이 아니다. 당신은 지금 지나치게 완벽주의를 추구하고 있다. 그 누구도 하나님처럼 완벽한 사람은 없으니 이제부터 하나님 자리에서 내려오라"고 해서 처방하고 진료를 마쳤다. 한참 후 그분은 다시 찾아와 "30년 이상 앓던 병이 이처럼 한 번에 확실하게 나을 수 있는 게 신기하다"고 고마워했다.

우리 병원에는 보통 온 가족이 다 단골 환자다. 그래서 온 가족이 나와 가족처럼 친하다. 가족들의 말은 안 들을지라도 내 말은 듣는 경우가 많다. 한번은 며느리가 와서 오랫동안 겪었던 두통과 가슴 통증을 호소했다. 피 검사, 심장 검사와 흉부 엑스선 촬영 모두 정상이었다. 진찰할 때 다른 병이 없음을 증명하는 것이 굉장히 중요하다. 심리적인 병이 확실해도 실제 흉부 내에 다른 병이 있을 가능성이 있기 때문이다. 며느리 시어머니와 이러이러한 문제로 대화가 잘 안 되고 있다고 했다. "알았다. 며칠 후에 어머님 오시면 확실히 이야기하겠다"고 약속했다. 시어머님이 오셨다. 모르는 척하고 요즈음 새로 생긴 불편하신 점은 없으신지 물었다. 치과 치료를 했는데 비용이 많이 들고 잘 맞지 않아서 짜증스럽다고 하셨다. 그런데 그것을 자녀들에게 이야기를 못 하고 있다고 하셨다. "말씀하시지 뭘 망설이고 계시느냐? 말씀하시기 곤란하면 내가 며느리 만나면 말하겠다" 하고서 "참 어르신의 며느리 같은 사람이 없다"고 칭찬을 늘어놓았다. 평소에 못마땅했어도 며느리가 이러이러한 점이 좋고, 요즈음 부모님을 병원에 모시고 다니는 그런 며느리가 흔하냐고 하니 "그렇지" 하면서 좋아하신다. 거기다 본인도 칭찬을 더 하신다. 이렇게 해서 고부간의 문제가 해결되니 가정이 편해지고 며느리는 아팠던 병이 깨끗이 나았다고 한다.

또 어떤 부모는 아들에게 이야기해도 통하지 않고 어려워서 병이 점점 심해지는 것 같다고 했다. 얼마 후에 아들이 왔다. "부모님이 치료받고 계시는지 아느냐? 부모님은 무엇을 하고 계시며 어떻게 지내시는가?" 질문했더니 아들은 부모님에 대해 상세하게 이야기하며 앞으로 자신이 하려고 하는 방향을 말했다. 그리고 부모님에게도 잘해드리겠다고 했다. 실제로 가족 간의 대화의 창이 열리고 소통되니 문제가 다 해결될 뿐 아니라 병도 완치되었다. 제삼자의 입장에서 대화의 물꼬만 터주고 공감하며 들어주기만 해도 문제와 가지고 온 모든 병이 한꺼번에 해결되는 경우가 있다.

나는 어떻게 하면 환자들에게 최고와 최선을 다하는 섬김인 치유를 잘할 것인지 생각하면서 진료한다. 다른 책을 읽어도 그 내용을 응용해 어찌해야 환자에게 유익을 줄 수 있을지를 연구한다. 그러다 보니 1985년 7월부터 영상 치료와 음악 치료를 시작하게 되었다. 작업 치료는 오래전부터 정신과에서 시행해오던 치료였다. 교회에서 회원당 1만 원의 회비를 모아 유명한 기독교 영화 비디오 테이프를 모두 사서 영상선교회를 만들었다. 회원뿐만 아니라 전 교인을 대상으로 일주일에 한 개당 1,000원에 빌려주었다. 우리 병원에서는 그때 당시 제일 큰 텔레비전인 29인치를 사서 병원의 대합실에 설치했다. 병원 대합실이 좁아도 영화를 보고 감동받았다는 분들이 많았다. 나중에는 아래층의 넓은 대합실로 옮겨서 설치했다.

이 영상선교회를 만드는 데는 세 가지 목적이 있었다. 첫째는, 환자들이 영화를 통한 감동으로 치료받는 것이다. 둘째는, 우리 자녀들이 퇴폐 음란물에 노출되는 것을 막아 음란물로 인해 생기는 많은 병을 예방하려는 것이다. 우리 사회의 모든 면에서 나쁜 것을 하지 말라는 것보다는 나쁜 것을 할 필요가 없도록 볼거리나 선한 일을 할 거리를 제공해주는 것이다. 셋째는, 많은 사람이 이 비디오를 시청하고 기금이 마련되면 또 새로운 영상물을 제작할 수 있는 역량을 키우기 위해서다.

그러나 생각처럼 잘되지 않았다. 교단적으로 광고를 해야 했고, 우리 교회는 대여금으로 테이프를 더 사서 활용했다. 이런 것도 사명감이 있어야 하는데 인식이 안 되어 있어서 교회에 광고하라 하면 그때만 광고를 하고 또 중단하는 식이었다. 안타까워서 그 경영권을 나에게 주면 직원을 써서 운영하겠다고 했다. 그러나 그것도 권력이라고 놓지 않고 운영도 잘하지 않았다. 사실은 그것이 교회 것이 아니고 우리 회원 것인데도 말이다. 그래 가지고 무슨 복음 전파의 소명을 감당하겠는가? 예수 믿는 사람들이 싸움이 붙으면 나쁜 것까지도 믿음으로 밀어붙여서 절대로 화해하지 않는다. 잘못되었으면 흔쾌히 "미안하다. 용서해다오. 고치겠다" 하면 얼마나 시원하겠는가? 그러면 예수님께서 좋아하실 것이다.

음악 치료를 들어본 적이 있는가? 음악 치료란 훈련을 해서 자격 있는 음악 치료사가 즐겁고 창조적인 음악 경험을 음악 치료 대상자와 나눔으로써 심리적 · 신체적 · 정신적인 이상 상태를 복원해 이를 유지하고, 나아가서는 향상시킬 목적으로 과학적이고 체계적인 음악을 사용하는 일체의 활동을 말한다. 음악 치료는 음악과 치료의 개념이 혼합되어 있어 음악 치료사에 따라 달라질 수 있다. 우리나라에서는 1999년 11월 9일 음악치료학회가 창립되었다. 나는 1979년 육군 105 야전병원에서 장교와 사병이 모여 병실 순회찬양을 시작으로 육군 106 야전병원 장교 찬양대, 논산 지구병원 장교와 사병이 함께 하는 찬양대를 만들어 음악 치료를 수행했다.

본격적으로 9월부터는 병원에 복음성가를 매일 아침부터 저녁까지 들려주는 치료를 시작했다. 물론 선곡을 잘해야 한다. 음역의 폭이 좁고 경쾌해야 한다. 음악에 마음이 실려서 감동을 주어야 한다. 합창곡보다는 한 사람이나 두 사람이 부르는 노래가 좋다. 목소리는 부드러운 소리가 더 좋다. 음역의 고저가 넓으면 짜증스러워질 수 있다. 음성 연주는 약간 크게 틀어서 가사가 들리게 해야 한다. 다음으로는 악기 연주가 좋으며 은은하게 들려야 한다. 악기 연주는 연주 자체만으로도 효과가 있고 음악을 들으며 상상의 나래를 펼 수가 있다.

피아노 연주는 노래를 타고 여행을 하는 듯하다. 톱 연주는 우리의 한과 마음의 깊은 상처를 치료하는 듯하다. 기타는 몸을 흔들게 만든다, 우리의 사물놀이는 어깨를 들썩이게 만든다. 사물놀이는 꽹과리, 징, 장구, 북 등 네 가지 농악기로 연주하는 것이다. 집단 치료 방법인 농악 놀이는 많은 사람이 단체로 연주하면서 연주하는 사람들이 함께하는 즐거움과 기쁨을 느끼고 단순한 음악 치료 외에 갈등을 치료하는 효과까지 얻을 수 있다.

농악은 세시풍속과 관련되어 민중의 생활 깊이 스며들어 공동체를 형성하면서 행하던 민속종합예술이다. 본래 굿을 가리키는 말로, 지방에 따라 여러 이름으로 불렀다. 8·15 해방 이후 국악 정리 사업의 실시로 '농악'이라는 말로 통칭하게 되었고, 오늘날에는 네 가지 타악기를 기본으로 하는 농민 음악을 농악으로 부르게 되었다. 전국 각지에서 지역마다 성격과 특징이 다른 농악이 행해져 왔으며, 이 중에서도 평택농악·진주삼천포농악·강릉농악·이리농악·임실필봉농악·구례잔수농악은 국가무형문화재로 지정되어 전

승되고 있다. 또 여기에 오광대놀이에 탈을 쓰고 춤을 추는 조리
중이 등장하면 백성들이 마음에 숨겨놓고 하지 못하는 이야기를
풍자적으로 할 수 있어서 치료 효과를 더 높일 수 있다. 구체적으
로 들어가면 수많은 음악 치료를 접할 수가 있다. 영상 치료와 비
교해서 음악 치료의 장점은 쳐다보지 않고 책을 보는 사람에게도
자연스럽게 스며드는 효과가 있다. 음악을 들으면서 상상의 세계
에 빠질 수 있다.

우리 병원에서 치료한 사례를 보면 때로는 함께 따라 부르고
발로 장단을 맞추는 사람도 있다. 어떤 이는 눈물을 흘리기도 한
다. 또 어떤 때는 조용한 음악감상실에 와 있는 듯하기도 하다. 환
자들은 이 병원에 오면 앉아 있기만 해도 병이 낫는 듯하다고 고
백하기도 했다.

우리는 치료라 하면 단순하게 의사가 증상을 들어보고 진찰하
고, 여러 가지 검사를 해 정확한 진단이 나오면 약을 처방하는 것
이라고 생각한다. 이것은 치료의 일부일 뿐이다. 환자의 내부에
깊숙이 숨겨져 있는 문제들을 꺼내어 같이 들여다보고 진단하며
치료하는 것이 더 근본적인 치료라고 할 수 있다. 진단과 치료 과
정이 나뉘는 경우도 있지만, 진단 과정에 치료 과정이 포함되는
경우도 있다. 그래서 전인격적인 치료가 필요한 것이다. 과거에는
잘 활용하지 않았던 음악 치료, 영상 치료, 미술 치료라는 새로운
치료를 시도하고 있다. '물리 치료사'처럼 이제는 '음악 치료사'와
'미술 치료사'라는 직업이 있고 큰 성과를 내고 있다.

봉투에
사회 계몽 문구를 쓰다

　약 봉투에 무엇이 쓰여 있는지 본 적이 있는가? 간략한 약 사용법이 기록되어 있다. 약을 제대로 복용해 잘 치료될 수 있도록 하자는 것이다. 나는 우리 병원에 온 환자에게 무엇인가 하나라도 더 도움이 될 수 있는 것이 없는지 늘 연구한다. 환자가 우리 병원에 들어오면서 깨끗하고 좋은 인상을 풍겨야 한다. 들어오는 문이 편하고 안전해야 한다. 접수할 때 접수하는 사람의 인상은 심각한 것보다 웃거나 미소를 띤 인상이 좋다. 환자를 맞는 모습은 10년 만에 반가운 친구를 만난 듯해야 한다. 큰 소리로 인사하며 분명하고 상냥한 목소리로 안내해야 한다. 병원 유니폼의 색깔도 밝고 단정한 모습을 보이면 더 좋을 것 같다. 진찰실에 들어온 환자를 편안하게 안내하고 체온과 혈압 등을 잴 때도 불편함 없이 정확하게 잘되도록 정성을 기울인다. 체크할 때 최고의 친절은 정확성이기 때문에 의심스러우면 더 정확하게 다시 재어드리겠으니 불편해도 양해를 부탁드린다.

마지막에 의사는 이미 환자가 들어올 때부터 시진으로 살피고 있다가 상세하게 문진한다. 의사는 환자가 정확한 표현을 못 했을 경우, 반복해서 질문해 의중을 정확히 파악한다. 환자의 불편함을 경중을 정해 환자의 뜻에 따라 좌우되지 말고 의사의 소신대로 이끌고 간다. 환자의 의견과 맞지 않을 경우는 의사는 전문인이기에 각자 중요한 점에 대한 시각이 다를 수 있음을 이해시킨다. 실제로 환자는 위 검사만 해달라고 하는데 의사는 간기능 검사, 초음파 검사와 위내시경 검사까지 하라고 한다. 환자는 위에 병이 있는 것 같은데 왜 여러 가지 검사를 하라고 하는지 의문을 갖는다. 당연하다. 그런데 결과는 환자가 예상한 대로 위장질환일 수도 있고, 예상 밖에 간암이나 간질환이 나오기도 하고 담도암이나 담도질환 췌장암 등이 나올 수가 있다. 그래서 의사는 환자가 말한 증상이 가져올 수 있는 병을 모두 생각하고 검사해서 놓치지 않도록 해야 한다. 우리의 생명은 하나뿐이고 생명은 천하보다 귀한 것이기 때문이다.

그리고 의사는 오진이 나오면 자신의 의사 생활에 치명적인 결과를 맞을 수가 있다. 의사가 아무리 좋은 뜻으로 했어도 세상은 그것을 헤아리지 못하는 경우가 있다. 그래서 이것을 방어진료라고 한다. 일단 환자는 의사를 신뢰하는 것이 제일 중요하다. 이렇게 해서 진단이 나오면 의사는 어떻게 치료할지를 정하고 환자에게 질병과 치료에 대해 설명한 후 인사하며 진료를 마친다. 그 후 수납을 하고 직원이 상냥하게 인사하면 모든 진료가 끝나는 것이다.

진료는 의사만이 하는 것이 아니다. 병원을 관리하는 관리자, 인테리어업자, 청소하는 이, 접수자, 간호사, 검사실, 영상의학과, 수납직원과 의사 모두가 호흡을 잘 맞추어야 완벽한 진료가 되는 것이다. 의사에게 오기 전에 이미 많은 부분 치료가 되는 것이기 때문에 모두 잘 해야 한다. 문에 들어오기 전부터 인상이 좋고 신뢰가 있어야 의사가 말한 대로 진료가 잘 된다. 과정에 기분이 나빠져서 의사의 지시대로 검사하지 않고 거부해 질병을 놓치면 심각한 일이다.

우리의 삶에서 가장 기본적인 것은 의식주이지만, 나는 건강과 생명이라고 구분했다. 〈주간 교육과 생명〉이라는 섹션 신문을 창간해 발간한 적이 있다. 교육은 우리의 생명을 유지하고 함께 살아가는 데 의식주를 만들고 사용하는 것을 포함한 지혜를 가르쳐주는 것이고, 생명에는 의료와 농업 및 환경이 포함된다. 언론은 우리 사회를 좋은 방향으로 인도하는 역할을 해야 한다. 그러나 최근의 언론은 맨날 부정적인 이야기만 쓰고 편 가르기에 앞장서며 심지어는 검은 것을 흰 것이라고 하며 취재원을 확인조차 안하는 경우도 있고, 때로는 이권을 위해 어떤 회사나 인물 죽이기를 한다든지 하는 악행을 저지르는 일을 서슴지 않고 있다. 평소에 있던 개인·집단 간의 감정을 표출해 침소봉대와 확대 재생산을 한다고 시사비평 등의 언론 프로그램에서 이야기하고 있다. 사실

대로 보도하지 않고 왜곡 보도하거나 인기를 끌기 위해서 선정적인 보도를 하는 경우가 있다.

의사와 병·의원은 신뢰가 있어야 양질의 진료가 이루어질 수 있다. 의사는 수많은 기관으로부터 너무나 많은 감시와 지나친 간섭을 받고 있다. 열거해보면 보건소, 지자체, 지자체 의원, 경찰서, 심사평가원, 건강보험공단, 혈액원 질병관리청, 식약청, 복지부, 언론 등이 경쟁적으로 감시와 감독을 하며 보도하고 있다. 불신하면 진료를 제대로 할 수가 없다. 불신을 조장해 검사에 불응해 환자가 생명을 잃게 된다면 누가 책임을 질 것인가?

우리나라가 강대국이 되고 질서 있으며 서로 사랑하는 아름다운 나라가 되는 것이 자나 깨나 나의 소망이다. 약 봉투의 여백에 빨간색으로 "일회용품을 사용하지 맙시다. 식량 자급으로 식량 무기화를 막읍시다. 음식물 쓰레기를 줄입시다. 국산품 애용으로 우리 경제를 살려봅시다"와 같은 표어를 교대로 도장으로 찍어두었다. 최소한 우리 환자에게라도 이러한 정신을 심어야 한다고 생각했다. 내가 할 수 있는 공간이나 시간 등 모든 것을 활용해서 나라를 바로 세우는 데 최선을 다하고 있다. 이런 일을 하는 이유는 우리나라의 위기를 막아보고자 함이다. 우리나라는 가지고 있는 특별한 지하자원이나 다른 자원도 없다. 우리가 가진 것은 인적자원과 수출밖에는 다른 방도가 없다. 요즘과 같은 코로나19 상황에서 살펴보면 여러 나라가 국경 봉쇄와 교류를 막으면 살길이 없고 여태까지 쌓은 경제 부흥도 하루아침에 와르르 무너지고 말기 때문에 항상 경계해야 된다. 경제적인 위험을 예방하고 안전하게 방비해야 한다.

요즈음 우리나라는 일회용품을 너무 많이 사용해 심각한 문제를 일으키고 있다. 처음에는 일회용품을 쓰는 것이 편리하고 위생적이며 선진국의 특권인 양했다. 아무런 거리낌 없이 마구 사용했다. 한 모임에 나가면 종이컵을 몇 개씩 사용하는지 모른다. 자리를 옮길 때마다 새로운 컵을 쓴다. 별로 값이 비싸지 않으니 마구 써댄다. 재활용되던 품목도 음식물이 묻으면 재활용이 안 되고 100% 회수되지 않는다. 그러니 하와이 같은 태평양의 청정지대 앞에 플라스틱 섬이 생기고, 플라스틱을 많은 동물들이 먹고 생명을 잃고 고통당한다. 미세 플라스틱은 동물이 먹어 그 속에 축적되어 우리가 먹는 생선을 통해서 우리 몸에 들어오게 된다. 결국, 우리가 만든 재앙이 우리 몸속 깊은 곳까지 들어오게 된 것이다. 또 나무로 만든 젓가락, 펄프로 만든 종이와 종이 기구는 어떤가? 썩기는 하지만 썩는 과정에서 유발되는 쓰레기장 문제, 쓰레기 처리에 관한 환경 변화는 어떻게 할 것인가?

이면지 활용 등으로 10분의 1 이하로 종이 사용량을 줄일 수 있으나 현실은 판촉물, 광고물 등 마구마구 쓰레기가 쏟아져 나온다. 그리고 국제적으로 가져올 인류의 페이자 지구의 폐인 브라질의 아마존 유역의 벌목으로 파괴되는 자연은 어떻게 할 것인가? 우리는 이 땅에 있어서는 안 될 사람은 아닌지 심각하게 검토해보아야 할 일이다.

교회에서는 속회를 중심으로 신앙인이 나라를 위해 무엇인가 선구적인 일을 해보려고 논의했다. 속회 여러분의 의견을 들어서 아래의 문구를 선정했다. '물자 절약 국산 애용 앞장서는 ○○교회' 현수막을 크게 걸었다. 교회가 애국 운동하는 것이 좋게 보이고, 이런 행동을 함으로써 다른 사람들도 함께할 수 있도록 유도하기 위함이다. 항상 교회가 선구적인 역할을 해야 한다고 생각하고 있기 때문이다. 돈을 많이 들여서 현수막을 만들었다. 일회용품도 사용하지 않도록 했다.

속회 모임에서 공과 공부시간에도 이런 것을 주제로 해서 전 구성원들이 자신은 환경에 대해서 어떻게 생각하며, 우리가 어떤 행동을 해야 되는지 발표하도록 의견을 나눈다. 항상 속회에서 성경 공부를 할 때, 오늘의 말씀과 현재 뉴스에서 관심을 끄는 화제를 선택해서 신앙을 지키기 위해 신앙인으로서 어떻게 노력하고 있으며, 교회는 어떤 역할을 해야 하는지에 대해서 반복 교육한다. 이것이 실질적인, 즉 살아 있는 신앙인의 자세라고 생각된다. 아무 생각 없이 비신앙인과 같이 세상에서 휩쓸려서 살아간다면 하나님께서 좋아하시겠는가?

죽은 물고기는 물에 떠내려간다. 하지만 살아 있는 물고기는 강물을 거슬러 올라간다. 《성경》은 "욕심이 잉태한즉 죄를 낳고 죄가 장성한즉 사망을 낳느니라. 너희는 말씀을 듣고 행하는 자가 되고 듣기만 해 자신을 속이는 자가 되지 말라. 영혼 없는 몸이 죽은 것같이 행함이 없는 믿음은 죽은 것이니라" 하고 가르치고 있다.

우리는 배운 대로 실행하는 행동하는 양심이 되어야겠다. 배워서 알고 하지 않는 것은 모르고 하는 것보다 더 큰 죄악이다. 우리가 배우지 않았고 우리의 힘으로 할 수 없는 일이면 누구도 문제로 삼지 않는다. 우리는 나와 이웃과 나라를 지키는 최소한의 일을 해야 한다. 특히 교육을 받은 사람들은 반드시 선구적으로 해야 할 것이다. 신앙인은 더욱더 앞장을 서야 할 것이다. 그렇지 않다면 비신앙인과의 차이점이 없다. 무엇이든지 좋은 일이면 즉시, 반드시 될 때까지 힘써서 해야 할 것이다.

의사도 누군가의
아들이고 아버지다

　의사는 누구인가? 평범한 사람들이 병에 안 걸리기를 바라고 몸이 불편한 분들의 고통을 줄이고 없애며 죽음에 직면한 이들의 수명을 연장하는 선한 일을 하는 것이 아닌가? 좀 색다른 일을 할 뿐이다.

　말을 조심해야 된다. 말하는 중 토씨 하나만 달리 써도 환자의 반응은 전혀 다르게 나타난다. 때로는 한숨을 내쉬고 얼굴이 노랗게 되는 경우도 있다. 말로써 신뢰를 얻기도, 잃기도 한다. 고맙다고 하고 화를 내기도 한다. 말을 잘못하면 하나님의 잣대로 대고 평가한다. 단순한 평가가 아니라 막대한 고통을 당하고 배상을 해야 하기도 한다. 나쁜 목적이나 생각을 가지지 않고 어떻게 하면 환자를 편하게 또 생명을 유지할 수 있게 해야 하는가 하는 순수하고 선한 목적을 가지고 했음에도 교도소 생활을 해야 하는 경우도 있다. 아버지로서 아이들을 돌봐야 하고 가족의 생계를 책임진다.

의사는 직장의 대표로서 직원들의 생계를 책임져야 한다. 한 직장을 잘 지켜나가야 한다. 그러나 우리나라에서는 의사가 돈에 대해 말하는 것을 금기시한다. 의사는 한번 내놓은 말은 절대 바꿀 수가 없고 책임을 져야 한다. 정확한 병명을 진단하기 위해서 무슨 검사를 어떻게 해야 할지를 두고 고심해야 진단이 내려지고, 각각의 치료를 적절한 시기에 어떻게 해야 하는지 생각해야 한다. 합창단에서 지휘자는 지휘를 하면 되고, 악기를 연주하는 사람은 악기만 연주하면 된다. 하지만 의사는 지휘도 하고 노래도 부르고 악기 연주도 하게 된다. 모든 것이 완벽하게 잘되어야 한다.

오후가 되면 피곤하다. 일반인들이 하는 말로는 사람 상대하는 것이 제일 힘들다고 한다. 맞는 말인가 보다. 일단 환자는 몸이 괴로워서 병원에 온 사람이다. 몸이 괴로우면 만사가 귀찮다. 똑같은 말을 들어도 해석이 달라지고, 똑같은 일을 해도 힘이 들고, 똑같은 상황임에도 느낌이 다르다. 이런 분들만 모인 곳이 병원이다. 그러니 병원에 종사하는 의사와 직원은 참으로 힘들다. 물론 내 가족을 돌보는 마음으로 기쁘고 즐겁게 하고 있다.

1985년 7월, 병원을 개원하기 전에 보라매 공원과 가까운 권공웅 정형외과부터 서울대학 앞까지 주변에 있는 많은 선배님들의 병원에 인사를 드리러 다녔다. 한 정거장 떨어져 있는 황규찬 선배님의 황 내과가 6개월 전에 개원했다. 나는 1985년 7월 20일에 개원하고, 5개월은 적자여서 아내가 친구에게 돈을 빌려다가 직원들의 월급을 주었다. 아내의 자존심이 구겨졌지만 어떻게 하겠는가? 이렇게 환자 수 증가가 느리고 힘이 들 줄은 몰랐다. 6개월째부터는 돈을 빌리지 않고 월급을 줄 수 있게 되었다. 종합병원에 근무할 때는 중환자가 많았고 외래 환자도 많아 하루 100명 이상을 진료했다. 그런데 개원 첫날에는 13명의 환자를 진료했다. 당시에는 병원을 광고하는 것이 불법이었다. 어쩔 수 없이 우리 병원에서 진료를 받은 환자들의 입소문을 기다려야 하니 그 속도가 굉장히 느렸다. 아내와 나는 100명 이상의 환자를 진료해 우리 병원이 많은 환자에게 인식되는 날이 빨리 오길 기도했다. 이 심정을 누가 알까? 개원하니 병원의 행정적인 면 등 모르는 것이 너무 많았다. 선배님들께 사안마다 전화로 알아보고 주변 선배님들께 피해가 없도록 경영을 해나갔다. 선배님들께서는 친절하게 인도해주셨다. 치열한 경쟁 사회는 병원도 예외일 수가 없다. 내가 개원하고 한 2년이 지난 1987년에야 자리가 잡혔다.

우리는 병원 관리가 힘들어서 하나로 된 공간이 필요했다. 당시 1층은 슈퍼마켓이 있었는데, 경영이 어려워졌는지 폐업했다. 그런데 다른 업체가 입점해 2년간 임대료를 못 내고 비워주지도 않으니 주인이 힘들었던 모양이다. 우리 병원이 써 주었으면 좋겠다고 제의했다. 그들에게 주인을 통해 1,500만 원을 주라고 했다. 우리는 사람들을 너무 잘 믿어서 서류로 만들지 않았다. 주인은 나중에 옆의 땅을 사서 이사할 때, 우리가 병원을 내어놓으려 하니 1,500만 원을 돌려주기는커녕 빨리 비워달라고 소송까지 냈다. 양심도 없는 사람들이었다. 1997년 IMF 금융위기를 맞아 부동산 가격이 폭락해 우리 병원 옆에 땅을 사게 되었다. 나는 은행 융자를 받지 않고 부담 없이 욕심내지 않고 세를 올려달라는 대로 올려주고 살려고 했다. 우리 병원은 1층을 1, 2, 3 진찰실과 주사실, 식당 및 예배실과 영상의학과 1, 2 촬영실, 2층 병리실과 입원실로 꾸몄다. 환자가 엄청나게 늘었다.

개원하고 5년쯤 지난 후 내 인턴 동기인 문형식 선생이 문보영 이비인후과와 함께 우리 병원 건너편 오 치과 건물에 소아과를 개원했다. 항상 착하고 꼼꼼하고 조용해 수련 중에도 좋은 평을 받던 친구가 오니 기뻤다. 개원 날에는 화분을 가지고 가서 발전하기를 바라며 축하해주었다. 얼마 후, 우리 집이 병원 안에서 단독주택의 2층을 임대해 이사했다. 즉시 초대해 회를 대접했다. 가까운 친구가 와서 서로 힘이 되어주었다. 문 소아과는 착실하게 환자들을 진료해 평판이 좋아져서 병원이 발전을 이루었다. 문 소아과가 오면서 한 내과가 들어와서 나와 관련된 병원이 세 개가 개원하게 되어 우리 환자가 더 늘어나진 않았다. 시간이 지나면서 내과 환자가 조금 줄었다. 1년 후 한 내과는 폐원하고 고대 구로 병원 쪽으로 이사했다. 병원은 한번 움직이면 양쪽에 인테리어 비용이 많이 더 들어가기 때문에 엄청난 손해를 보게 된다. 몇 해 뒤에는 안 내과와 오 산부인과가 건너편에 개원하게 되었다. 오 산부인과는 대학 후배이고, 안 내과는 고향 후배였다. 잘되기를 바라고 역시 개원할 때마다 화분을 하나씩 사서 들고 가서 축하해주었다. 두 병원은 우리와 협력관계가 좋았고, 그런대로 운영이 잘되었는데 3년 정도 있다가 남대문으로 이사했다.

막내 여동생이 1998년 우리 병원 가까운 곳에 산부인과를 개원하게 되었다. 동생은 IMF 금융위기에도 영등포에 있는 집을 현 시가대로 팔 수 있었다. 참 행운이었다. 막내 여동생의 개원이 자랑스러웠다. 아내는 가는 곳마다 홍보했다. 병원은 그런대로 잘 운영되었다. 하지만 건물 주인이 되지도 않는 명분을 들어 돈이 되는 것은 산부인과에 떠넘겼다. 나는 옆에 있는 건물을 사지 않으려 했는데 막내 여동생을 괴롭히는 주인 덕택에 누님댁, 막내 여동생과 힘을 합해서 사게 되었다. 괴롭히는 사람도 간혹 고마운 역할을 하는 경우가 있다. 병원 경영이 어렵다고 이사를 해야겠다고 나에게 고민을 털어놓던 문 이비인후과는 우리 병원 옆으로 이사 온 후 대박을 맞았다.

문 소아과 원장은 기침하고 열이 나는 어린이를 진료했다가 다음 날 또 열이 나서 폐렴으로 진단하고 보라매 병원으로 전원해 치료받도록 했다. 이 아이는 그 건물 지하에서 음식점을 하는 이의 아들이었다. 그런데 보라매 병원에서 수일간 폐렴 치료를 받다가 사망했다. 보호자는 당신이 즉시 보내지 않아서 죽게 되었다고 아들을 살려내라고 야단이었다. 기침하고 열이 난다고 환자를 모두 보내면 개인 의원에서 진료할 수 있는 환자가 몇 명이나 되겠는가? 간혹 바이러스성 폐렴의 경우, 24시간 이내에 사망할 수도 있다. 실제 논산 지구병원 내과에서 훈련병이 24시간 이내에 사망한 경우도 보았다. 아들을 잃은 부모의 아픔이 오죽하겠느냐마는 의사가 하나님이 아니기에 살려낼 수 없다. 잘못하지는 않았지만 할 수 없이 배상했다. 그러나 마음에 맺힌 것을 어찌 풀겠는가! 그 사건으로부터 한참 후, 옆구리 쪽이 묵직하게 불편하다고 하더니 병원에 가서 진단받은 결과, 간암이며 머리까지 전이되었다고 했다. 결국 그는 병원을 쉬고 다른 의사에게 넘겼다.

옆에 개원하고 있는 임권 안과 원장과 함께 집으로 병문안을 가서 문안하고 간절히 기도를 드렸다. 참 안타깝다. 아이들은 이제 중학생인데 이 아이들은 아버지가 없으니 어떻게 가르친단 말인가? 아버지가 이렇게 될 줄 누가 알았겠는가? 그동안 수입도 없이 대학병원의 고가 치료비를 지불하고 나면 가정생활은 어떻게 할 것인가? 그로부터 얼마 후 국립의료원 동기회로부터 부고가 왔다. 서울대학 영안실에서 가슴 아프게 이별하고 왔다.

○○교회 고등부 학생이었을 때 배웠던 학생이 내과 전문의사가 되어 우리 병원에서 신림사거리 쪽으로 두 정거장 다음에 김내과 의원을 개원했다고 인사를 왔다. 반갑게 맞아 차를 대접했다. 물론 개원 때 찾아가서 축하했다. 내가 교의를 할 때 삼성 초등학교 교감이었고, 교장으로 퇴임하신 분의 사위였다. 우리 병원에 진료받으러 오면 항상 사위가 내과 전공 의사라고 자랑했다. 그 어머니도 아이가 의과대학에 합격했다고 나에게 자랑한 적이 있다. 한번은 교회 예배당에서 만나서 반갑게 인사했다. 개원해서 그런대로 병원이 운영된다는 소문을 들었다. 참 잘되었다. 그런데

병원 개원한 지 6개월쯤 되었던 겨울, 크리스마스가 곧 다가오는 12월 20일경 교회에서 만났는데 가슴 아픈 이야기를 했다. 자기가 담도암 진단을 받았다는 것이다. 그래서 병원을 인계하고 치료 중이라고 했다. 힘겨운 싸움이 시작되었다. 어린 딸과 아내가 있었다. 교회에서 몇 번 만나 물어보면 치료를 계속 받고 있다고 했고 황달이 심해졌다고 했다. 이제 얼마 않았구나 싶었는데, 꽃피는 4월, 영원히 돌아오지 못할 길을 떠났다. 그 부인의 마음을 누가 헤아려줄까? 앞으로 그 딸아이의 장래는 어찌할 것인가? 가까이에서 개원했던 제자였기에 더욱 안타까웠다.

현재 의사의 작업 환경은 최악이다. 그리고 모든 병의 대다수는 스트레스에서 기인한다. 의사들을 보면 의료사고가 난 후 암이 많이 발생했다. 우리 병원 주변에 개원하셨던 선생님들도 몇 분이 그렇게 해서 투병 중 세상을 떠났다. 1999년 일본의 통계에 의하면, 일본인의 평균 수명에 비해 일본 의사의 평균 수명이 14년 짧았다. 거기에 비하면 우리나라 의사는 훨씬 더 법적인 보호를 받지 못하고 폭력에 시달린다. 의료보험에 대한 스트레스로 자살하는 의사가 있을 정도다.

수많은 풍랑과 경쟁 속에서 살아남도록 우리 병원을 사랑하시고 보호해주심을 감사드린다. 의사는 모든 것에서 자유롭지 못하다. 소심하고 스트레스를 많이 받는 성격들이다. 이제 누군가의 아들이며 아버지이자 남편인 의사의 하얀 가운 속 상처를 사랑으로 어루만져주길 바란다.

건강보험과 좋은 치료 사이에 신음하는 한국 의사들

건강보험을 어떻게 생각하는가? 우리나라는 세계에서 가장 좋은 건강보험제도를 가지고 질 높은 진료를 받을 수 있다. 다른 나라에서는 한 달 내에 도저히 받을 수 없는 진료를 즉시 전문의에게 가서 진료받고 검사할 수 있는 나라다. 그것도 양질의 진료를 가장 저렴하고 신속하게 받을 수 있다.

프랑스혁명 후 변호사 출신이며 자코방당의 급진지도자 로베스피에르가 권력을 장악했다. 당시 혁명 과정에 사회가 혼란해지면서 생필품 가격이 급등했다. 이에 민심이 흉흉해졌다. 당황한 로베스피에르(Robespierre)는 물가를 안정시킴으로써 대중의 인기를 얻고자 긴급조치를 발표했다. 우윳값을 강제로 절반으로 낮춘 것이다. 모든 프랑스 어린이는 값싼 우유를 마실 권리가 있다는 것이 이유였다. 법을 위반한 업자는 엄중 처벌했다. 우윳값이 내려가자 시민들은 환호했다. 그런데 얼마 지나지 않아 우유 공급이 줄면서 우 웃값이 오르기 시작했다. 우유 판매 가격이 젖소 사룃값도 안 되 자 낙농업자들이 젖소 사육을 포기한 것이다. 정부가 낙농업자들 에게 젖소를 키우지 않는 이유를 묻자 모두가 사룃값을 감당할 수 가 없다고 고백했다. 로베스피에르는 다시 사룃값을 낮추었다. 이 번에는 사료업자들이 원가도 받지 못하는 생산을 포기했고 사룃값 이 폭등했다. 시장에서는 우유가 자취를 감췄고 오로지 소수의 부 자들만이 어린 자식에게 우유를 마시게 할 수 있게 되었다. 의료비 가 싸면 의사도 환자가 될 수 있기 때문에 좋다. 여러분은 이 글을 읽고 어떤 생각이 드는가? 이제 의료비도 적정가격이 필요한 시점 이 아닌가 생각이 든다. 어디 의료비뿐인가?

우리나라의 대표적인 사고 사례가 목동 의료사고다. 우리나라 의 출산율은 세계 최하위 수준이다. 얼마나 신생아가 중요한가? 왜 사고가 났는지, 무엇이 근본 원인인지, 찾아야 할 것이다. 단순 히 약품이 오염된 것이나 의사나 간호사의 부주의가 아니다. 목동 의 신생아 중환자실 규모라면 선진국 기준으로 볼 때, 고도의 전문 성을 지닌 소아과 전문의 열 명이 근무해야 하는데, 현재는 전공의 한 사람이 병실과 신생아실을 겸해서 진료하고 있다. 전문성 면에 서나 숫자적인 측면에서 비전문가가 들어도 사고가 나도록 만들어 져 있다. 현재 상태로도 인큐베이터 한 대당 연간 6,000만 원의 적 자가 나게 되어 있다. 그러면 모자라는 부분은 하늘에서 자금이 떨 어지는가? 아니면 도둑질을 하란 말인가? 3차 병원의 구비조건을 만들어 손해가 나도 조건을 강제로 만들게 한다. 단순히 의사와 간호사가 처벌받아야 할 일이 아니다.

의사는 환자를 잘 치료해야 되는데 건강보험의 강압과 환자를 잘 치료해야 하는 사명 사이에서 심각한 갈등에 처해 있다. 환자를 잘 치료하지 못해서 환자가 사망하면 누가 책임을 질 것인가? 건강보험 공단 직원이 대신 죽어줄 것인가? 그 어떤 책임도 죽음을 대신할 수는 없다.

개원 초기의 일이다. 당시에는 지금보다 의료에 대한 인식이 다르고 경제적인 여건이 좋지 않아 검사하기가 쉽지 않았다. 그런데도 다른 병원에서 잘 치료가 안 된 환자나 정밀 검사를 받고 싶은 분들이 우리 병원에 왔다. 즉, 우리 병원은 2차 병원의 역할을 한 것이다. 그런데 우리 병원에 경고장이 날아왔다. "귀 병원은 평균 진료비의 130%에 해당이 된다. 3개월 이상 되면 실사를 나와서 괴롭게 할 터이니 빨리 평균 진료비 수준으로 만들라"는 것이다. 청진기만 가지고 진찰하는 소아과나 내과와 어떻게 진료비가 같아질 수 있겠는가? 위장에 문제가 있는 환자를 위장 조영촬영만 해도 3만 원이 늘어난다. 아무리 값이 싼 약을 써도 낮출 수가 없다. 그러니 검사를 하지 말라는 말이다. 상기도 감염(일반인들이 말하는 감기)을 며칠 치료하는 병원과 생명을 앗아갈 수 있는 폐렴을 진단받고 입원한 것처럼 매일 치료하는 병원이 어떻게 똑같을 수 있겠는가? 치료하지 말라는 말이나 마찬가지다. 명확히 말하면 그들은 치료를 방해하는 사람들이다.

치료 방해가 얼마나 무서운 일인지 이들은 알지도 못하고 알려고도 하지 않는다. 어쨌든 의사의 입장에서는 조사를 받는 것 자체가 기분도 안 좋고 괴로운 일이다. 그러면 의사 보고 어떻게 하란 말인가? 일단 이 길을 피하려면 문진만 하고 검사 없이 치료하다가 종합병원으로 보내는 수밖에 없다. 그때부터 그런 방향으로 치료했어도 또 한 번의 경고를 받았다. 이렇게 하다 보니 만약 검사를 빨리 안 해서 치료 시기를 놓친다든지 오진이 나오면 어찌하는가? 건강보험공단에서 책임을 지는 일이 아니니 참으로 난감하다.

이런 경우, 어떤 문제가 유발되는지 살펴보도록 하겠다. 정확한 진단을 빨리 내리면 그만큼 병의 예후가 좋다. 암이 있다고 하면 의뢰서를 써서 1~ 2개월간(선생님에 따라서 6개월 기다리는 경우도 있다) 기다리다가 가서 검사하면 간단하게 완치될 수 있는 병이 시간이 지나면 전이까지 되어 사망에 이른다. 간단한 위궤양, 십이지장궤양의 경우는 궤양이 확인될 때까지는 빨리 치료되는 고가 약을 처방하면 진료비를 삭감한다. 삭감의 액수가 많아지면 또 실사를 나와서 괴롭힌다. 2,000원짜리 약이 삭감되면 한 명당, 한 달이면 6만 원, 병원에서 막대한 손해를 보아야 한다.

환자를 진료했으면 수입이 증가해야 하는데 손해를 보게 해 진료를 방해하는 것이다. 병이 심해 고열이 나는 경우나 폐렴이 심해 매일 진료를 하면 또 평균보다 많이 내원하게 했다고 진료비를 삭감한다. 또 진료비 삭감의 실적이 많은 공단 직원은 보너스를 받는다. 그러면 보너스를 받기 위해 무조건 처방한 약 중에서 고가 약을 삭감한다. 한 가지 품목의 약만 삭감해도 환자가 많으면 백만 원이 넘게 삭감되기도 한다. 몇 가지 품목이면 얼마나 많을지 상상해보라. 진료비 삭감에 무관심하든지 재심 청구를 하지 않으면 그 병원에 같은 약을 지속해서 삭감한다. 요즈음은 심사평가원이 생겨서 공급자와 수요자 간에 객관적으로 잘하기를 기대했다. 그러나 기대는 빗나갔다. 기관이 하나 더 생기니 직원만 더 많아졌다. 같은 예산으로 운용하면서 진료비에 대한 압박만 더해졌다.

노무현 정부 때, 보험공단의 보험료 징수율이 약 65%가량 되어 징수율을 높이기 위해서 보험료를 세금에 붙여서 걷기로 했다. 세금에 붙이면 징수하는 직원이 필요 없고 징수율이 100%에 가까워질 것이다. 그렇게 바꾸려 하자 자신들이 해야 한다고 건강보험공단이 단체 행동을 해서 성사되지 못했다. 왜냐하면, 공단에서 할 일이 그 일밖에 없기 때문에 그 일을 빼면 존재할 수가 없기 때문이었다. 그래서 일거리를 만들기 위해서 혈안이 되어 만든 것이 국민건강검진이다. 이것은 긍정적인 효과가 있다. 조기 발견으로 많은 환자가 구제받은 셈이다.

그러나 일거리를 찾다 보니 다수의 환자에게 필요 없는 전화를 해서 마치 병·의원에서 허위 진료를 하는 것처럼 조사해서 확인해 불신을 조장함으로써 의사가 신뢰받지 못하도록 분위기를 조성하고 있다. 즉 불신을 조장해 진료를 방해하고 있다. 심사평가원과 주도권 다툼을 하고 필요 없는 우편물을 많이 보내고 있다. 실제로 우리의 건강보험 재정은 필요 없는 곳으로 줄줄 새고 있다. 할 일 없이 약 1만 5,000명의 고액 인건비를 받는 건강보험공단은 필요 없는 기관이 아닌가 생각된다. 심사평가원도 대다수 전산심사를 하기에 1/10 이하로 규모를 축소한다면 그 비용으로 양질의 진료에 크게 도움을 줄 수 있다. 병·의원에 검사를 억제하지 않고 소신 진료가 가능하게 될 것이다.

이러한 위험한 일이 이루어지고 있는 것은 일부의 의사들만 알고 있다. 대다수는 그런가 보다 하면서 힘이 없으니 저항할 수도 없고 때리면 맞는다는 사고방식이다. 일부 깊이 생각하며 연구하는 의사만이 이 위험한 장난들을 알고 있는 것이다. 연구하는 의사도 당해본 의사만이 알고 있다. 종합병원 의사들은 당해보지도 않고 생각할 필요도 없다. 삭감되어도 내 병원이 아니고 자신에게 불이익이 전혀 없기 때문이다.

또 큰 병원은 잘 건드리지도 않는다. 건드리지 않는다고 해도 너무 병원에 간섭이 심하니까 오죽하면 김수한 추기경님께서 가톨릭 재단 병원의 문을 닫겠다고 하셨을까? 이러한 사실을 이 기회에 모든 국민들이 알게 되기를 바란다. 이러한 내용을 정책 당국자들이 알아야 하는데 알려고도 하지 않고, 알더라도 문제를 일으키지 않도록 하기 위해 조용히 넘어가려고 한다. 이런 일이 있을 때마다 내게 힘이 없어 바르게 하지 못함에 화가 나고 안타깝다. 건강보험의 폭력 앞에 대다수 의사들은 당하고 만다. 어떤 산부인과 의사 선생은 3년간 법으로 싸워서 이기기도 했다. 당연히 법으로 이길 수 있는 일도 3년간 얼마나 힘들었겠는가?

의사들은 항상 교과서대로 원칙적인 양질의 진료를 하게 해달라고 외쳐댄다. 대부분의 국민들은 무슨 말인지 모른다. "의사가 무슨 고통이 있겠어?" 하며 말해줘도 듣기 싫어한다. 이렇게 건강보험의 불합리한 적용이 많은 사람의 생명을 위협하는지 알려주는 사람이 없다. 의료정책은 고도의 전문성이 필요하며, 사명감을 갖고 일하지 않는 사람이 당국자의 직책을 맡으면 변화는 없다. 보건복지부의 일이 참으로 생명과 밀접한 관계가 있기에 중요하고 또한 방대하다. 복지부에서 보건부를 따로 분리하는 것도 하나의 방법이다. 이 방대한 문제가 나의 진언으로 보건의료정책이 중요성에 맞추어 국민의 관심을 유도하고 잘 정비되어 희생되는 생명이 없기를 바란다.

5장

나는 행복한
내과 의사다

설렘으로 시작된
내과 전공의

　어떤 과목을 전공해야 더 많은 환자를 도울 수 있을까? 어떻게 하면 모든 이들에게 봉사해 존재가치를 크게 느끼게 될까? 이것이 나의 삶의 목적이다. 1982년 4월 30일, 논산 지구병원에서의 근무를 마치고 전역 신고를 했다. 5월 1일부터 기다리던 순천향대학에서 내과 레지던트 1년 차로 근무하기 시작했다. 설렘과 얼떨떨함이 교차한 것도 잠시였다. 깐깐하기로 유명한 백정민 교수팀에 손무영 3년 차 선생과 같이 2개월간 근무하게 되었다. 광주일고와 연세대학을 졸업한 고향 후배로, 나를 선배로 친절하게 대접했다. 손무영 선생의 안내로 성실하게 환자를 진찰하고 회진 전에 검사 결과를 모두 외우고, 모든 기록은 영어로 타이핑해서 잘 정리해놓았다. 회진 시에는 글씨가 빨라야 지나가는 말처럼 하는 것을 전부 차트와 처방에 쓸 수가 있다. 손 선생은 참 빠르고 잘했다. 그나마 손 선생 덕분에 덜 헤맬 수 있었다.

　나는 5년 후배들인 전남대학 출신 고성원(고내과 원장), 서울대 출신 김경수(현재 차의과대학 교수), 연세대 출신 김진홍(아주 의대 교수)과 같은 연차의 전공의를 시작했다. 검사는 빈혈, 간기능, 소변, 사진 촬영 결과 등 한 사람의 간기능 검사치만 해도 열 종류인데, 몇십 명의 환자 결과를 저녁 회진 전에 소수점 한 자리까지 외워야 했다. 백 교수님은 하나만 틀리게 말하면 인격 모독도 서슴지 않고, 밤 10시에 다시 회진하는 제일 무서운 교수라고 했다. 환자가 있는 데에서 "너 뭐하러 여기 와 있는 거야!" 하면 쥐구멍에라도 들어가고 싶은 심정이었을 것이다.

　같은 연차 선생들은 "백 교수님은 정말 무서운 분이에요. 선생님은 많이 봐주어 혼나지 않으시는 거예요"라고 했다. 백 교수님은 며칠간 관찰하고 있다가 잘못하면 야단치기 시작한단다. 환자 상태와 결과를 설명하고 진단은 무엇이며 앞으로 어떻게 치료할 것인지를 대답하고 있는데 소리를 버럭 질렀다고 생각해보라. 외웠던 것이 생각이나 나겠는가? 나중에 알게 된 사실인데, 내가 4년 차보다 선배이기에 나의 기를 죽이려고 오자마자 백 교수님 팀에 넣은 것이었다. 아무 사전 상식 없이 그날부터 와서 근무하다 보니 검사실이 어디 있는지, 검사물은 어떻게 찾아야 하는지, 영상의학과 위치가 어디인지, 어떤 절차를 밟아서 환자가 촬영 받은 엑스레이 사진이며 초음파 등을 찾을 수 있는지, 그야말로 멍한 상태로 근무가 시작된 것이다. 갑자기 미로에 들어간 느낌이라.

너무 힘들었다. 다행히 나는 큰 질책을 받지 않고 잘할 수 있었다. 지금까지 힘든 인생을 겪어왔기 때문에 어려움도 나를 크게 사용하시기 위한 연단으로 생각하니 마음고생 없이 무난히 헤쳐나갈 수가 있었다.

이렇게 2개월을 근무하고 박희숙 교수님의 파트에 들어가니 모든 것이 익숙해지고 힘이 들지 않았다. 그런데 내게 편한 생활이 있다는 것 자체가 잘못된 것 같다. 2일 근무하고 나니 고성원 선생이 환자로부터 급성비형간염에 전염이 되어 입원 치료를 받게 되었다. 나는 고성원 선생이 맡은 김극배 주임교수님 파트까지 두 파트를 맡게 되었다. 회진도 김극배 교수님 먼저, 그다음은 박 교수님 파트를 돌았다. 모든 일이 두 배로 늘어나니 뛰어다녀야 하고 글씨와 모든 일이 빨라야 했다. 등줄기에 땀이 골짜기에 물이 흐르듯 마르지 않았다.

다행히 나까지 쓰러질까 봐 염려되어 상급년차 전공의들이 교대로 한 번씩 당직 근무를 해주니 2일에 한 번씩 당직하게 되었다. 당직하지 않는 날도 일이 너무 늦게 끝나니 11시 넘어서 집에 가서 다음 날 발표할 것 읽고 준비하면 5시간 잠을 자기도 부족했다. 하필이면 두 달 동안 뇌염과 농약 중독환자가 많아 중환자실이 가득 찼고, 당직하는 날은 매일 평균 네 명 정도 심장 마비가 와서 소생술을 해야 되어 발표 준비를 할 시간이 없었지만, 발표에 예외는 없었다. 그야말로 불가능한 시간을 쪼개어 발표를 준비해야 했다. 발표를 잘하지 못하면 그 누구도 예외가 없이 망신을 주기 때문이었다. 정리해야 할 차트가 자꾸 쌓여서 기록실에서 독촉이 왔다. 응급실 환자, 낮에 못다 정리한 일, 다음 날 아침 발표할 저널을 준비하려면 한숨도 잘 수가 없었다. 돌이켜 생각하면 어떻게 살아갔는지 의문이다. 그다음 날은 당직이 아니니 잠을 잘 것 같지만, 못다 한 일들을 하고 발표할 것을 준비하다 보면 5시간 이상을 잔다는 것은 화려한 꿈속의 이야기었다.

이 무렵, 경희대학에서 이희발 교수님이 주임 교수로 초빙되어 오셨다. 그보다 연배가 높은 백정민 교수님은 서울 간호대학으로 가시고, 조방환 교수님은 사표를 내고 개원을 하셨다. 이희발 교수님이 오셔서 점심시간에 콘퍼런스를 만들어서 더욱 바빠졌다.

9월과 10월에는 천안 병원으로 파견근무를 나갔다. 환자가 많이 몰려왔고, 특히 농약 중독환자가 많아 중환자실에 침대를 1.5배 이상 더 끼어 넣어도 감당이 안 되었다. 창고에 넣어두었던 석션 기계까지 모두 꺼내어 가동시켰다. 중환자가 응급실까지 차지하게 되었다. 그런데 16세 남자 고등학생이 농약을 마시고 의식이 없이 응급실에 왔다. 이제는 침대가 없으니 다른 병원으로 가도록 하라고 보호자에게 설명했으나 막무가내로 여기서 죽든지 살든지 하겠다고 떼를 쓴다. 날 보고 어쩌란 말인가! 자동차에도 적재량이 있지 않던가! 할 수 없이 먼지가 가득한 석션 기계를 가져다가 깨끗이 한 후, 가동시켜서 응급실 바닥에서 치료를 시작했다. 상태가 많이 심해서 해독제도 퍼부었다. 감사하게도 2주일 동안에 완전히 치료되었다. 중환자실에는 걸어다닐 틈도 없고 응급실까지 야전병원 못지않은 상황이었다. 한번은 중환자실에서 급히 나를 불렀다. 농약 중독으로 치료받는 환자가 아래로 뛰어내리려고 한단다. 농약 해독제의 부작용으로 간혹 나타나는 일이다. 어렵사리 달래서 내려오게 하고 손발을 묶어놓았다.

하루는 복어 중독 환자들이 온다는 연락을 받고 응급실로 뛰어갔다. 예산교육청에서 학교에 감사 나온 이들에게 아침 식사로 복어 요리를 대접했는데 복어 요리사가 출근을 안 해 요리를 잘못해서 복어 알을 먹게 되어 사고가 생긴 것이다. 우리가 뛰어가는 것은 상상을 초월한다. 7층 병실에서 진료하다가도 서너 계단을 뛰어 내려가 1분 이내에 끝에 있는 응급실에 도착한다. 뛴다기보다는 날아다닌다고 해도 과언이 아니다. 그래야 환자를 살릴 수 있기 때문이다. 구급차가 도착해서 환자를 내리는데 응급실에 들어오자마자 모두 호흡 마비를 일으켰다. 숨이 갑자기 멈추는 것이다. 열 명을 각각 침대에 눕히고 목을 꺾어 기도를 확보하기 위해 기관에 관을 넣었다. 간호사들에게 한 사람씩 맡기어 백으로 인공호흡을 시키며 모두 중환자실로 옮겼다. '사자 구출 작전'이라 할 수 있다.

그런데 정말 기적 같은 일이 벌어졌다. 환자를 당진에서 천안에 있는 순천향병원까지 옮기는데, 한 사람도 희생되지 않았다. 4분 이상 호흡을 안 하면 뇌사가 될 수 있었는데도 말이다. 어떻게 열 명이 거의 동시에 호흡 마비가 일어났는데 신기에 가까울 정도로 삽관이 잘되고 한 사람도 놓치지 않고 중환실로 옮길 수 있었을까? 말이 쉽지, 정말 다행이고 대단한 일이었다. 인턴 임명준 선생과 함께 7일 이상 잠 못 자고 식사도 교대로 했다. 임 선생은 너무 힘이 든 나머지 코피를 쏟으면서 환자를 돌보았다. 그 덕분에 한 사람, 두 사람, 해독이 되어 인공호흡기를 떼고 호흡할 수 있게 되었다. 열흘이 지나니 모두 인공호흡기를 떼고 2주 후에는 완치되어 퇴원했다. 이럴 때면 힘들어도 참으로 보람 있고 기쁘다. 그래서 행복한 내과 의사인 것이다.

11월, 12월은 구미병원에 파견근무를 했다. 집을 떠나 있으니 더욱 아내와 딸 평화가 보고 싶었다. 단체로 기숙했지만, 의사들끼리도 응급실이나 중환자실에서 환자를 진료하면서 잠깐 만나는 것이 전부였다.

열여섯 살의 여자 환자가 왔다. 혈압이 떨어지고 혈색소 수치가 떨어져서 일단 수혈을 했다. 하복부 통증이 있으나 생리에도 이상이 없고 이성 관계도 없다고 거짓말을 했다. 내과적으로 이상이 없어서 산부인과에 의뢰했더니 자궁외임신 진단이 나왔다. 복강 내에서 혈관이 터져서 계속 피가 새고 있어 빨리 수술하지 않으면 생명이 위태로웠다. 그런데 환자는 다시 물어보아도 상관없다고 했다. 구미공단에 혼자 와 있는 상태여서 보호자 연락도 빨리 안 되었다. 시간을 지체할 수가 없어 회사에 연락해 가까스로 보호자를 세우고 수술해서 목숨을 건질 수가 있었다. 의사는 환자의 말을 100% 믿을 수 없다. 어떤 연유로든지 거짓말을 하는 경우가 있기 때문이다.

이곳에서는 나와 군대 복부를 같은 기간에 했고 경북대학을 나온 이성우 선생님이 친근하게 잘 대해주시고 잘 가르쳐주셨다. 소화성궤양이 있어서 매운 것을 먹지 않은 상태에서 지내려니 먹는 것도 부실해 참 어려웠다. 더군다나 쉽게 집에 갈 수도 없어서 힘들었다. 언제나 그랬듯이 가족들 만나기를 손꼽아 기다렸지만 잠시 정든 구미순천향병원을 떠나오는 것 또한 서운했다. 다른 곳과 달리 고향 말씨를 듣고 일해서였던 것 같기도 하다.

근무 상황이 어려워도 포근한 옛 고향에 와 있는 느낌이었다. 미국 의사 시험을 준비해 전혀 생소한 미국으로 가려고 생각했는데, 순천향대학의 내과 전공의가 되어 아내와 나는 참으로 행복했다. 바쁠수록 내 존재가치를 느낄 수 있어서 더욱 행복했다. 언제든지 우리 아버지이신 하나님의 자존심을 지키려고 노력했다. 이틀에 한 번 5시간 이내의 쪽잠을 자면서 겪었던 극한 상황을 통과하게 하신 분께 감사드린다. 도저히 살아날 수 없을 것 같았던 농약 중독 고등학생이 어디선가 잘살고 있길 바란다. 복어 중독환자 열 명을 살려서 기적을 보이신 그분께 감사를 드린다. 어쩔 수 없이 거짓을 말했던 자궁외임신 환자도 행복하게 잘 살길 바란다. 어렸을 때 사용하던 상냥한 경상도 사투리로 나를 따뜻하게 대해주셨던 구미 순천향병원 내과 이성우 선생님을 비롯해 여러 간호사 선생님들께 감사한다.

내과 의사만이
할 수 있는 일

　당신은 의사의 작업 조건을 어떻게 생각하는가? 의사는 못 하는 일이 없어서 행복하다. 전공의 2년 차 7~8월에 홍성에 파견근무를 했다. 홍성에서는 정신과 윤홍렬 선생님이 원장으로 재직하고 계셨다. 윤홍렬 선생님은 내가 육군 105병원에 부임하자 다른 병원으로 옮겨가서 며칠간 같이 근무했던 전남대학교 출신으로, 나보다 3년 선배님이다. 이렇게 인연이 되어 참 반가웠다.

　그곳은 농촌이어서 농약 중독환자가 많았다. 농약 중독환자는 빨리 손을 쓰지 않으면 생명을 놓치게 된다. 어느 병원에 가든지 내과 의사의 존재가치가 가장 높다. 응급 환자가 가장 많고 가장 위험한 진료과목이다. 닭고기 뼈를 다진 음식을 먹고 배변이 안 되어 응급실을 찾은 78세 환자가 있었다. 심한 변비를 앓아보지 못한 사람은 그것이 뭐가 그렇게 힘드냐고, 이해하지 못할 수도 있지만, 그 분은 땀을 뻘뻘 흘리며 응급실에 찾아와서 고통을 호소했다. 대변이 나올 듯한데 나오지 않아 고통스러운 상태로, 아기가 나오는 마지막 순간 같은 상황이 계속되는 것이다. 글리세린 관장과 다른 관장 방법은 소용이 없었다. 마지막으로 손가락으로 파내는데 잘못하면 날카로운 닭고기 뼈로 인해 장에 상처가 나 출혈이 일어날 수도 있으니 조심히 긁어내야 했다. 한참을 파내고 나니 환자는 한숨을 내쉬며 감사해했다. 살아난 것이다. 그 시원함이란! 똥 파내는 데도 기술이 필요했다.

또 다른 노인 역시 변비로 오셨는데 어떠한 관장 방법도 무효했다. 파내는데도 완전히 진흙을 파내는 것과 같이 조금씩 나왔다. 장이 무력해져서 큰 풍선이 늘어나듯 쌓인 변이 파도 파도 계속 나왔다. 또 한번은 관장해도 효과가 없어 내가 손가락으로 파냈던 적도 있다. 변비는 3일 정도 안 나오면 조치를 시행해야 한다. 그렇지 않고 방치하면 대장이 수축하려고 해도 늘어진 상태로 무기력해져 수축하지 못하게 된다. 이런 증상이 반복되어 나타나면 흔하지는 않은 경우지만 대장을 잘라내는 수술을 할 수 있다.

응급 환자를 진료하다가 30년 이상 손가락에 불편을 겪은 일이 있다. 폭력배들끼리 싸워서 한 사람이 맥주병을 깨서 어깨를 찍어 병원에 오게 되었다. 파편을 빼내고 상처의 유리를 씻어내기 위해 100cc 유리 주사기에 생리식염수를 담아 씻어냈다. 그때, 주사기가 압력을 못 이겨서 손잡이가 깨져버렸다. 그렇게 내가 또 한 사람의 환자가 되었다. 다른 외과 선생님께 하던 일을 맡기고 나는 산부인과 선생님께 찢긴 두 번째 손가락의 봉합을 받았다. 이때 특별한 체험을 했다. 데메롤이라는 마약성 진통제 주사를 맞았는데 구름 위에 떠 있는 느낌이었다. 이러니 마약 중독환자들이 계속 마약을 찾는 것이다. 그날은 윤홍렬 원장님의 생일 파티가 있었는데, 내가 메들리로 몇 곡을 불렀다. 마약의 효과가 아닌가 싶다.

단골 입원 환자가 있었다. 이 사람은 40대 후반으로 간경화 및 합병증인 식도정맥류 환자였다. 식도에서 혈관이 터져서 심하면 분수처럼 피를 토하는 경우가 있다. 보통은 응급실을 통해 입원한다. 입원해서 며칠 동안 치료해 간신히 피를 멈추게 해서 퇴원시킨다. 재발할 수 있으니 절대로 술 마시는 것을 참으라고 강조해서 주의를 주었다. 하지만 알콜중독자에게 강력한 경고가 무슨 소용이랴. 다음 날 또 입원이다. 이러니 일을 할 수가 없고 반복되는 입원비 부담으로 온 가족 걱정이 이만저만이 아니었다. 알콜중독 환자는 알콜중독 전문 병원에 입원을 시키지 않으면 술을 중단할 수가 없다.

한번은 식도정맥류 환자가 와서 입원했다. 응급으로 식도정맥류를 치료하는 튜브를 넣어서 압박했다. 3일간 관찰 후 안심할 수 있는 상황이어서 튜브를 제거하려고 시도하는데 분수처럼 내 얼굴에 피를 토해버렸다. 이럴 때 면역이 약한 의사는 관리를 잘못하면 비형간염 등에 전염될 수 있다. 어떤 남자 환자는 좌측 옆구리에 통증이 있어서 병원을 방문했다. 검사 결과, 좌측 신장 바로 아래 요관 결석으로 진단되었다. 이 환자는 땀을 뻘뻘 흘리며 심한 산통을 호소했다. 수액을 빠른 속도로 주사하고 진통제를 주사했다. 잠시 진통 효과가 있었는데 다시 소리를 질렀다. 막 환자 앞에 다다른 순간 내 머리에 구토했다. 토물을 뒤집어쓴 것을 상상해보라. 한참 진료하다가 이것이 웬 날벼락인가!

토요일에 둘째 아이를 가져서 몸이 무거운 아내가 왔다. 아내와 홍성 읍내랑 시장을 구경하고 간단한 아나고회로 외식을 하며 데이트를 즐겼다. 구수한 식감이 별미였다. 아내도 오랜만에 토요일 저녁에 잘 쉰 것 같다. 항상 바쁘게 일하느라고 쉰 적이 없는 아내였다. 모처럼 방에서 쉬면서 그동안 못 했던 이야기를 나누었다. 큰딸 평화도 제법 재롱을 부리며 잘 있다고 했다. 일요일 오전에 아내와 아쉬운 작별을 했다. 언제 만나도 우리는 영화 속의 주인공들보다 더 뜨겁고 행복한 것 같다. 물론 다른 병원에서 근무할 때보다 조금 여유로워서 더 좋았다. 우리처럼 자주 만날 수도 없는 사람들이 하루 동안 달콤한 데이트를 했으니 어찌 표현할 말이 있겠는가. 홍성의료원 가까이에 있는 예산군 저수지의 붕어죽이 맛이 있다고 해서 홍성 근무를 끝내는 환송 파티를 그곳 저수지의 붕어죽을 먹는 것으로 했다. 나는 무슨 음식이든지 꿀맛이어서 감사하다.

나는 전문의 자격시험에 임하면서 열심히 해서 다른 사람은 다 불합격할지라도 나는 합격할 것이라고 항상 결의를 다졌다. 아침 일찍 일어나서 환자들의 화장실 뒤편 샤워장에서 문을 잠그고 짧은 시간 동안 전속력으로 제자리 달리기, 팔굽혀펴기 등을 하며 체력을 유지했다. 거르지 않고 식사를 한 후, 환자 회진을 하고 처치한 다음, 공부에 임했다. 밤에는 내가 공부한 부분을 다른 사람에게 설명하며 가르쳤다. 다른 선생들은 너무 피곤해서 아침에 일어나기도 힘들어하고 아침 식사도 자주 걸렀다.

그들은 밤늦게 공부하다가 힘이 들면 나에게 "선생님, 좀 쉬었다가 합시다. 술 한잔 마시고 합시다"라고 말했다. 나는 거절하지 않고 "그렇게 합시다. 한 단원만 더 공부하고, 그렇게 합시다. 조금만 더하고"를 반복하니까 피곤할 때면 자기들이 질문하고 내가 대답할 말까지 다 해버리고 같이 웃었다. 열심히 공부한 결과, 우리 네 명과 함께 재시험을 친 선배도 1, 2차 모두 합격해 전문의가 되는 기쁨을 안았다. 나는 내과가 아닌 영상의학과 과목을 공부하다가 왔다. 전공의 과정처럼 깐깐한 시간 관리가 아니라 3년간 군 복무 중 신검대에서 다른 일을 하다가 왔기에 불리한 상황이었다. 그래서 다른 친구들보다 더 많은 반복 학습을 하며 열심히 했다. 나는 아내가 있고 두 딸이 있으며, 대가족을 이끌고 갈 사람인데, 떨어지면 체면을 구기고 가계를 이끌고 가는 데 막대한 차질이 생긴다.

우리 내과 의국 1, 2회 선배님들은 모두 전문의 시험에 합격했다. 그다음 3회, 4회에서 각각 한 명씩 불합격했다. 5회와 우리 6회가 2년간 100% 합격했기 때문에 1년 후배들은 다들 합격할 것이라고 자신했던 모양이다. 여섯 명 중 절반이 불합격하는 아픔을 겪었다. 무슨 시험이든 자신감을 가지고 최선을 다해야 한다. 자만심은 금물이고 한 번에 바로 합격하지 않으면 안 된다. 어둡던 터널을 기쁨으로 통과해 가슴이 벅차올랐다. 느껴본 사람은 알리라.

어느 날, 갑자기 큰 소리가 나면서 사무장이 환자를 안고 들어왔다. 엘리베이터를 타고 내과로 올라오던 여자 환자가 엘리베이터 내에서 의식이 없어진 것이다. 주사실로 재빠르게 옮기고 2내과 이승호 원장이 환자를 진찰했다. 환자가 토해서 입에는 토물이 차 있었다. 순식간에 토물을 파내고 기도를 확보하기 위해 토물을 빼냈지만 아직 남아 있는 그 입에 대고 인공호흡을 하면서 기관에 삽관했다. 내과 의사가 아니면 누가 토물에 입을 대고 인공 호흡을 할 수 있겠는가? 아무 생각 없이 그저 환자를 살려야 한다는 긴박하고 숭고한 생각으로만 이 일을 할 수가 있다. 나도 내과 의사이지만 매제인 이승호 원장을 존경할 수밖에 없다. 그동안 119 구급대를 불렀다. 그렇게 해서 응급조치를 한 후 모든 진료를 중단하고 대림성모병원 응급실로 환자를 데려갔다.

우리나라는 의사의 희생만 강요하지 말고 의사도 대한민국 국민이고 병원의 경영인이며 한 가정의 가장임을 알고 평등하게 국민의 사랑을 받을 수 있게 해주길 바란다. 응급실에서 중한 응급환자를 많이 진료할수록 적자를 내서 병원 경영상 큰 손실을 내지 않게 하길 바란다. 손실이 많으면 응급의료가 로베스피에르의 우윳값처럼(강제로 지나친 저가 정책) 축소 내지는 공급이 불가능하게 될 것이다. 의료제도와 수가에 상식적으로 적자가 나지 않게 하고 적절한 이익을 보장해 건전한 의료시스템으로 발전되길 바란다.

아주대학의 이국종 교수는 진심을 다해 자신이 빚까지 짊어지면서 진료한다. 그래도 전체 병원을 경영하는 입장에서는 응급의학과를 환영할 수가 없다. 열심히 일하는 의사가 환영받는 세상이 되어야 할 것이다. 이제 국민이 좋은 진료를 받으려면 선진국 수준으로 수가를 올리고 의료시스템을 잘 관찰하고 연구해야 한다. 말로만 대책을 세우면 무엇 하는가? 연구라는 것은 신속한 대책을 세우기 위함이다. 의료를 비롯해 공무원들이 바뀌고 제도가 바뀌어 책임지는 형태로 가야 할 것이다.

하늘이 무너지는
추락과 고통의 생활

– 아내의 소천

    나는 원래 단독 주택에서 많은 손님들을 초대해서 함께 시간을 보내며 그렇게 살기를 원했다. 그래서 아파트로 이사하는 것은 생각지도 않았다. 주변에서 주택을 팔라고 해도 당연히 팔지 않았다. 그러던 중에 딸들이 중고생이 되니 밤에 학원에 갔다가 늘 늦게 돌아왔다. 그런데 한번은 큰딸이 밤에 오는데 누가 따라왔다고 했다. 그 무렵 우리 집 뒷골목 쪽으로 커다란 원룸 건물이 지어졌는데, 누가 사는지 알 수 없고 불안해서 당장 집을 팔고 아파트로 이사하게 되었다. 아파트에서도 제일 전망이 좋은 로얄층에서 살게 되었다. 살아 보니 아파트의 장점이 많았다. 우선 골목의 단독 주택에 비해 안전하다. 또한, 관리를 관리소 측에서 맡아주어 편리하다.

    장인어른은 경성제국대학 약학과를 졸업하셔서 약사로 일하셨다. 그는 우리나라에 기독교 선교사를 처음 파송케 하신 윤치호 선생의 외손자다. 아버지가 교장 선생으로서 북간도로 떠나 외할아버지가 학비를 대서 교육받은 특별한 외손자다. 아내의 할머니는 영어를 잘하셔서 미군들의 통역을 하셨다. 6·25 때는 군대에서 의정장교로 근무하면서 청렴해 온 가족에게 고통을 안겨주었다. 그는 유한양행에 근무하실 때도 월급 외에는 챙기지 않으셨고, 직원들이 선물을 가져오면 먹고살기도 힘든데 다시는 가져오지 말라고 다시 갖다주어 선물을 받지 않았다. 약국 개업 때도 유일하게 돈을 벌지 못하는 분이었다.

장모님은 강화도 길상면 온수리의 아흔아홉 칸 우일각의 주인이자 강화도 남부 대부분의 땅을 소유하고 있는 김영백의 셋째 딸이다. 군내에 600석 이상의 소출을 올린 가옥이 50호이나 김영백만 보통학교를 지을 때 3,630원을 희사하고, 우리나라 성공회의 첫 번째 교회를 지을 때 부지를 희사하셨다. 장모님은 이화대학 음악과에서 피아노를 전공하셨다. 이런 신앙의 명문 가문에서 장인, 장모님은 귀한 아내를 낳아 잘 키워서 나와 하나 되어 서로의 부족함을 보충하며 행복하게 살도록 하신 고마운 내 부모님이다. 처가와 친가는 똑같이 소중하다. 내가 중요한 만큼 아내도 중요하다.

처남은 이혼해 부모님과 함께 살고 있고 처형은 지적장애인이다. 상도동에 사시다가 부평으로 옮겨 사셔서 멀리 있으니 자주 가볼 수가 없었다. 그래서 가까운 아파트로 옮겨드렸다. 옮기고 나서 다음 날 아내는 유방암으로 수술을 받게 되었다. 수술받기 바로 전날, 처남은 술에 만취가 되어 발을 헛디뎌서 도림천으로 떨어졌다. 우측 대퇴골 골절이 되어 양지병원 응급실을 통해 입원하게 되었다. 다음 날 아내가 수술 받아야 하는 상황에서 참 난감했다. 그래서 둘째 승리는 외삼촌에게로 가고 나는 입원해 있는 아내에게로 가서 "수술을 잘 받으라"고 기도한 후, 수술실 들어가는 것을 보고 진료하러 돌아왔다. 말이 안 되는 상황이었다. 수술을 받은 아내를 간호하며 지켜야 하는데 의사라는 직분 때문에 가족에게 소홀한 죄를 어찌하랴! 가족이 없으니 20대 초반의 승리가 삼촌의 오줌과 똥까지 받아내야 했다.

양가 부모님을 가까운 곳으로 모시니 여러 가지로 좋은 점이 많았다. 그 이후 우리 부부는 소꼬리, 소뼈 등을 고아서 양가에 드렸다. 더 이상 부러운 것이 없었다. 하지만 모든 것이 가장 잘되고 있을 때를 조심해야 된다. 사탄은 그때를 노린다. 우리의 행복이 지속되는 동안 아내가 유방암에 걸렸다. 우리 병원에서 발견이 되어 유방 전문 검사하는 곳에서 정밀진단을 받았다. 아산병원에서 유방암 1기 진단을 받아 수술하고 항암 치료를 받았다. 항암 치료를 받고 아무것도 할 수 없는 아내를 두고 진료를 나가야 해서 마음이 아팠다. 아내는 방사선치료를 한 달간 받았다. 프랑스에 유학을 가 있던 둘째 딸 승리가 매리어트 호텔에 인턴으로 와 있으면서 한 달간 매일 엄마를 모시고 다녔다. 다행히 치료는 잘되었고 재발 방지를 위해 아산병원 내과의 종양학과 교수에게 타목사펜 처방과 함께 지속적으로 진료를 받았다.

그러던 어느 날, 아내가 멍이 들어 검사를 해보니 혈소판이 많이 감소되었다고 했다. 아내가 맡은 여러 가지 사회단체의 모든 일을 정리하고 병원에 입원하기로 했다. 밤에 가면 아내가 고생만 할 것 같아 아침 일찍 가기로 하고 집에서 안정을 취했다. 평소에 아내는 편두통이 있었는데 이날도 두통을 호소했다. 그런데 갑자기 두통이 심해져서 119를 불러 중앙대학 응급실로 갔다. 뇌출혈이 와서 의식이 없어졌다. 순천향병원으로 옮기는 데 5시간 이상 걸렸다. 그 병원 의사에게 질문하고 싶다. 당신의 아내를 옮길 때도 5시간 이상 시간을 끌어도 되는지? 아내가 이렇게 되니 눈물도 나오지 않고 가슴이 꽉 막히며 하늘이 무너지는 것 같았다.

아내는 7일 동안 중환자실에서 치료받던 중 소천하게 되었다. 아내는 나의 전부였다. 2005년 10월 8일 새벽, 나의 모든 것이 일시에 날아가버렸다. 내가 사는 것이 무슨 의미가 있단 말인가? 잠을 자서 눈을 뜨지 않았으면 좋겠다고 생각했다. 매일 밤 눈물로 기도하며 상에 엎드려 있다가 그대로 쓰러졌다. 나는 할 수 있는 것이 아무것도 없었다. 눈앞에서 아내가 가는 것을 보고도 아무것도 하지 못했다. 마지막까지 하나님의 말씀만 믿고 하나님께 기도드렸다. 하나님께서는 자녀의 어려움 당함을 허락하지 않으신다 하셨고, 우리의 모든 기도를 응답해주신다고 약속하셨다. 나는 하나님을 잘 믿은 것일까? 아니면 바보였을까?

그래도 인간인 나는 기도 드리는 것 외에 다른 방법이 없었다.

장인어른은 약사였지만 직장에서는 청렴하고 경영은 마음대로 하신 덕에 가난할 수밖에 없었다. 아내는 친정이 가난해서 학비를 벌어서 학교에 다니고, 가정의 생활비, 동생의 학비까지 모두 책임졌다. 어머니가 아들을 잃고 괴로워하실 때는 친구와 위로자가 되기도 했다. 결혼해서는 나의 어려운 군의관 시절과 수련의 과정, 초창기 병원 경영의 모든 뒷바라지를 아무 불평 없이 해왔다. 양가 부모님의 영양 보충을 위해 소뼈 및 맛있는 것을 다해서 봉양해왔다.

병원 개원 초기에도 제일 값싼 쌀과 가장 작은 달걀을 사 먹으면서 막내 동생의 뒷바라지까지를 모두 내가 생각하기 전에 먼저 제안해 실행해온 아내다. 동네에 어려운 환자가 있으면 우리 병원에서 치료받지 않았어도 소꼬리 등을 사서 고아 먹으라고 가져다드렸다. 우리 집에서 자기 집 앞으로 물이 흘러온다고 괴롭게 하던 분들까지도 말이다. 시장에서는 리어카 노점상이 물건을 팔지 못하면 필요 없는 것도 사서 그들에게 희망을 주는 사람이었다.

나는 진료에 매여 있기에 내가 맡을 모든 직책에 대한 세상의 활동을 아내가 대신해서 해왔다. 학교의 운영위원장, 학부모회장, 동작교육지원청운영위원회 협의회 부회장, 구청 여성회, 청소년지도위원회, 경찰서의 여러 회의, 교회에서는 교구 여선교회 회장, 교구 남선교회 회장, 의료선교회 회장, 희망교육 공동 대표, 이사장, 19회 고등학교 동창회 회장 등 이름만 내가 회장이지 아내가 모든 일을 해왔다. 희망교육에서 토론회를 할 때도 모두 아내가 준비했다. 또 첫 번째 교육위원 선거가 실시될 때 초등학교 교사 출신인 이순세 선생을 대동하고, 교장들과 운영위원장들 등 영향력 있는 분들을 방문해 영등포, 동작, 관악 3개 구에서 기라성 같은 분들을 물리치고 당선시키는 역사도 이룬 사람이다.

병원에 너무 터무니없이 과도한 세금이 부과되어 자청해 세무 조사를 받았다. 아무것도 하자가 안 나오니 3주간 세무조사를 받았다. 자청했어도 조사를 길게 받으니 스트레스가 심했다. "여보 힘내. 잘될 거야" 하며 힘을 주어 내 무거운 짐을 깨끗이 해결해주던 아내다. 키도 크고 카리스마가 있고 모든 사람을 편안하게 해주는 사람이었다. 나에겐 천사이고 나의 모든 것이었다. 내가 진료하고 방송, 강의, 결혼식장이나 조문, 회의를 갈 때면 양복, 구두, 봉투 등 모든 것을 챙겨놓고 기다리는 세상에서 제일 훌륭한 비서였다. 아내는 영재처럼 사람을 한 번 보면 정확하게 이름과 얼굴과 그에 관해 들은 모든 것을 기억하고는 나하고 같이 갈 때 만나기 전에 미리 알려줬다.

마지막 천국에 갈 무렵에는 부모님 연세가 많으시니 우리가 모셔야겠다고 지금 살고 있는 아파트보다 조금 더 큰 아파트를 구하러 다녔다. 아내가 살아 있다면 양가 부모님들을 기쁨으로 모시고, 우리는 행복하게 살고 있을 것이다. 모임에서 모처럼 캐나다에 가게 되어 다녀오라 해도 내 걱정이 되어 못 떠난 바보다. 마지막 입원하러 가는 날도 이상한 이야기를 했다. "내가 가면 당신이 불쌍해서 어떻게 하지? 당신은 양보하느라 자기 것도 못 찾아 먹을 거야" 하는 것이었다. 그러던 아내가 하나님이 오라 하시는 것은 왜 거부하지 않고 갔는지 모르겠다.

하늘나라 가는 날 새벽에 윤종원 목사님이 달려오셨다. 잠자는데 "하늘나라로, 하늘나라로" 하는 소리가 들려 놀라서 병원에 오셨다는 것이다. 또 둘째 딸 시어머님 될 분의 친구가 그날 꿈에 하늘나라로 날아가는 학의 얼굴이 아내의 얼굴이어서 전화로 이야기를 전해왔다는 것이다. 아내의 장례식장에는 많은 분들이 와서 눈물을 흘리고 화환을 보내왔다. 아내가 나눈 사랑의 결과일 것이다. 나는 눈물도 나오지 않았다. 그냥 부활의 찬송만 불렀다. 아내의 장례는 일요일이 끼어서 5일 장이 되었다. 나는 이것도 하나님께서 나의 기도를 들어 나사로와 같이 부활시켜주시려고 하시는 것으로 믿고 간절한 기도를 드렸다. 몇 번이고 아내가 누워 있는 곳에 가보았다.

아내가 떠난 이후, 장인어른이 산책 중 빗길에 넘어져서 보라매 병원 응급실에 계시다고 전화가 왔다. 응급실을 통해 입원하셨다. 치료하는 도중 우리가 치료하는 것이 더 나을 것 같아서 집으로 모셔서 아침과 저녁으로 치료했다. 몇 개월간 무의식 상태로 계시다가 세상을 떠나셨다. 승리는 할아버지를 비누로 깨끗하게 목욕을 시켜서 보내드렸다. 나는 딸을 잘 키워주신 하나님께 감사드렸다. 그런데 기도하다 쓰러져 자는데, 새벽 1시에 병원에 불이 났다고 전화가 왔다. 나는 즉시 "하나님, 감사합니다. 얼마나 밤이 깊어져야 새벽이 오는 것입니까?" 읊조렸다. 마음속으로 이제 곧 새벽이 올 것이라고 기대한다.

지금까지 우리의 삶을 지켜주시는 하나님을 철저히 믿고 감사 기도를 드리며 살았다. 조그만 칭찬을 받을 일이 있어도 "하나님 감사합니다" 하고 기도드렸고, 환자들에게는 "하나님이 치료하셨습니다", "하나님의 은혜입니다" 하면서 교만해질 것에 경계하면서 살았다. 매년 교회에 보고하라 해서 예배드린 숫자를 세어보니 아이들과 함께한 우리 가족의 아침 기도회는 360회, 직원들과 드린 365회, 새벽기도회와 속회를 총 합하니 일 년에 997회를 예배드렸다. 나는 지금까지 어려운 일이 있을 때마다 로마서 8장 28절 "우리가 알거니와 하나님을 사랑하는 자 곧 그 뜻대로 부르심을 입은 자들에게는 모든 것이 합력해 선을 이루느니라"라는 말씀과 밤이 깊으면 새벽이 가까웠다는 진리를 믿고 하나님께서 이루실 좋은 일을 기다리며 감사하고 살고 있다.

승리와 함께한
위로 여행

졸업 학년을 남겨놓고 엄마를 갑작스레 잃은 둘째는 프랑스로 돌아가지 않으려 했다. 하지만 모든 친척들이 "네가 강해져야 아빠를 돌볼 수 있다"는 말에 학업을 마치고 돌아오기로 했다. 병원 진료상 졸업식엔 참석하지 못했다. 졸업식이 끝난 후 2006년 7월, 승리와 함께 졸업 여행 겸 사기 충전 여행을 하기로 하고 생애 처음 10시간이 넘는 비행기에 몸을 싣고 파리로 향했다.

생각해보니 병원 진료를 쉴 수 없다는 이유로 아내와 2박 3일 일본 여행을 잠시 다녀온 것 외에는 딸들과 해외 여행을 해본 적이 없었다. 하물며 딸아이가 홀로 프랑스에서 폐기흉 수술을 받을 때 다녀오라 해도 아내는 딸아이 홀로 수술을 받게 했다. 퇴원하니 집 냉장고에 라면 하나가 있었다며 딸이 많이 서러웠다고 했다. 아내가 전화로 딸에게 아빠 혼자 아무것도 할 수 없는 걸 알지 않냐며 네가 견뎌보라고 했다고 한다. 정말 아내 말대로 난 결혼 후엔 아내 덕분에 진료에만 매진할 수 있었다.

큰딸이 동생을 돌보기 위해 학교 방학 후 프랑스에 갔음에도 타지에서 보호자 없는 수술을 한 서러움이 컸는지 둘째는 아직도 종종 이야기한다. 승리는 프랑스의 개선문 가까운 곳에 살고 있었다. 관리인의 방을 반으로 나눈 공간이었다. 운 좋게 좋은 위치의 집을 계약했다고 한다. 집주인 노부부는 변호사로, 딸을 본인들의 집에 초대해서 식사를 같이하기도 했다. 프랑스에 사상 초유의 폭염이 있었던 해에 방학 동안 한국에 나와 있던 딸에게 전화해서 프랑스엔 선풍기를 구할 수 없으니 한국에서 꼭 사오라고 전화를 주기도 했다. 딸이 없는 동안 집을 관리해준다며 들어와서는 싱크대 밑에 생선 썩은 물이 있어서 다 버렸다고 했다. 까나리액젓이었다. 딸이 유학하는 동안에는 프랑스 정부 임대료 보조금이 지급되어 아끼며 생활할 수 있었다.

첫 장거리 여행을 하는 내가 공항 미아가 되지 않게 일찍 나가 있으라고 큰딸 평화가 승리에게 신신당부했다고 했지만, 딸들의 걱정과 다르게 나는 샤를드골 공항에 도착해 사람들을 따라 승리가 서 있는 게이트 앞으로 수월하게 나갔다. 도착해서 에어프랑스 셔틀을 타고 1시간 정도를 달려 개선문 앞 정거장에 내렸다. 10분 정도 걸어서 딸 집에 도착했다. 마음은 이팔청춘인데 역시 장시간 첫 비행에 몸이 많이 피곤했는지 딸이 저녁 식사를 차려주는 동안 옷을 갈아입고 그대로 곯아떨어졌다. 승리가 선뜻 여행을 오지 못

하는 날 위해 그 기간에 근처에 국제 암학회가 열리니 학회에 참석 겸 오라고 설득했다. 여행 갈 핑계를 만들어 준 셈이었다. 그래서 첫째 날은 암학회 참석으로 시작했다. 국내 학회처럼 논문을 발표하는 장소와 많은 제약회사 부스들이 서 있었다. 첫 해외학회 참석을 기념하기 위해 사진을 찍었다.

모두가 그렇듯 낭만과 향수의 도시 파리에 대한 환상이 있었다. 하지만 그 환상을 단번에 깨준 것이 있었으니 악취 가득한 파리의 지하철이었다. 한국의 쾌적한 지하철역들과는 비교할 수 없었다. 지하철은 힘들어도 걷게 했다. 보이는 풍경마다 TV 광고나 교과서에 나오는 장면들이었다. 센 강은 폭이 한강의 1/3 정도인 듯했다. 관광철이라 그런지 센 강변은 많은 사람들로 붐볐다. 강변만 따라 걸어도 파리 특유의 분위기를 만끽할 수 있었다.

강변의 서점가 중 특히 오래된 만화 가게가 인상적이었다. 딸이 왜 살이 안 찌는지 알 수 있을 정도로 차를 타지 않고 계속 걸어다녔다. 승리는 키가 178cm로 성큼성큼 다녀서 헉헉거리며 쫓아다녔다. 저녁에는 원하는 모든 것이 있다는 노랫말처럼 상점들이 즐비한 샹젤리제 거리를 지나 콩코드 광장까지 걸어갔다. 파리에서 가장 넓은 광장인 콩코드 광장은 프랑스혁명 때 루이 16세를 비롯한 수많은 사람들이 공개 처형당한 장소다. 처형을 행했던 장소답지 않게 매우 고급스러운 야경이 펼쳐졌다. 이집트에 선물 아닌 선물로 받은 오벨리스크가 그 품위를 높여주었다.

아침부터 딸은 내게 빵을 먹고 빨리 나가자고 했다. 버스를 타고 가다 보니 에펠탑이 눈앞에 들어왔다. 승리는 친구들을 많이 안내해서 그런지 사진 찍는 포인트를 잘 알고 있었다. 몇 년 전, 재불 한인들이 촛불을 들고 나왔었고, 고급 브랜드들의 패션쇼장으로도 활용된다는 샤이오궁 앞에서 에펠탑을 배경으로 사진을 찍었다. 에펠탑을 사이에 두고 벽이 있었다. 엄마 대신 병원의 사무를 보고 있는 큰딸 평화가 떠올랐다. 여러 나라의 언어로 적혀 있는 평화라는 의미 때문인지 모든 문자가 아름다워 보였다. 여러 나라말로 써 있는 중에 우리 큰딸 '평화' 이름이 새겨져 있었다. 마음이 뭉클해지는 느낌이었다.

2018년 전 세계 뉴스가 파리 문화유산의 화재에 경악했던 적이 있다. 노트르담 성당을 방문해본 사람이라면 센 강변의 그 성당이 불에 타고 있는 장면을 눈 뜨고 지켜보기 힘들었을 것이다. 그 장엄한 성당에 들어가 앉아서 기도하니 아내 생각이 나면서 한없이 눈물이 나와 멈추지 않았다. 앉아 있기만 해도 감동이 오는 그런 성당이다.

베르사이유 궁전과 루브르 박물관을 방문할 때는 더욱 감동이었다. 우리나라의 경복궁과는 정반대의 매력을 갖고 있었다. 베르사이유 궁전을 보니 여기서 파티를 열었다면 얼마나 성대했을까 싶었다. 내가 이런 기분을 느끼듯 외국인들도 우리나라 건축 양식을 보면 굉장히 신기해하지 않을까. 미디어나 교과서에서 보던 것들을 실제로 보니 정말 감탄스러웠다. 루브르 박물관의 규모 또한 엄청났다. 특히 아이들이 박물관에 견학 와서 바닥에 앉아 자유롭게 뭔가를 그리는 모습이 인상적이었다. 루브르는 워낙 규모가 커서 자세히 하나하나 보려면 수개월이 걸려 연간회원권을 끊는 사람들도 있다고 했다. 나는 승리의 안내를 받으면서 중요한 것들 위주로 관람했다. '루브르' 하면 우리에겐 모나리자다. 직접 가보니 모나리자보다도 좋은 작품들이 많았는데 나같이 포인트만 찍고 가는 사람들이 많았다.

아침 6시에 집을 나서서 몽파르나스 역으로 향했다. 기차역에 도착하니 기차 안내가 나온다. 갓 구운 빵 냄새가 진동하고 사람들은 방송을 듣고 분주하게 움직인다. 이것 또한 영화에서 보던 파리의 모습 중 하나였다. 말로만 듣던 고속전철 TGV를 탔다. 우리나라도 이때는 이미 프랑스 기술로 만든 KTX가 운행되고 있었다. TGV를 이곳에서 경험하게 되었다. 2시간 반 동안 달렸다. TGV는 진동도 없고 정말 가는 것 같지 않게 달려 렌 역에 도착했다. 딸은 나를 이끌고 서둘러 셔틀버스 타는 곳으로 갔다. 다시 버스를 타고 1시간가량을 갔다.

나는 아직도 밖에서 바라보았던 몽생미셸의 모습을 잊을 수가 없다. 바라보는 것만으로도 감탄이 절로 나왔다. 그 당시에 대한항공 광고 앞에 서게 된 느낌이었다. 우리가 갔을 때는 육지로 걸어서 들어갈 수가 있었다. 물이 차면 배를 타고 들어와야 했단다. 왕이 피신해 기거할 만한 요새지다. 물이 둘러싸면 공격해올 수가 없다. 섬에 빈 공간이 없을 정도로 빽빽하게 지어진 건물이며 상점들, 모두가 놀라운 작품이다. 이것만 자세히 기록해도 상당한

기행문이 될 것이다.

이곳에는 계란말이와 같은 오믈렛이 유명하다. 승리는 오믈렛을 시키고 나는 연어구이를 시켰다. 이번엔 그래도 으깬 감자가 함께 나와 그나마 밥이 없어도 배를 채울 수 있었는데 연어가 매우 짰다. 한국이 더 미식 국가인 듯하다. 다시 밖에 나와 바라봐도 정말 절경이었다. 무박이라도 이런 것을 볼 수 있음에 참으로 감사했다.

파리에서도 우리가 원하는 음식을 모두 사 먹을 수 있었다. 딸이 있을 당시 한국 식품점에 한 달에 한 번 한국 야채를 주문하는 날이 있다고 했다. 독일에서 한국 야채 농사를 지으시는 분으로부터 들여온다고 했다. 한번은 승리가 깻잎이 너무 먹고 싶어 주문하고 도착한 날 받으러 갔는데, 깻잎이 줄기째 도착해서 그걸 일일이 따 먹어야 했다. 밥을 먹어야 기운이 나는 옛날 사람이라 낮관광을 마친 후에는 가능하면 늘 집에 돌아와 승리가 한국 요리를 해주었다. 승리는 엄마처럼 요리를 매우 잘했다. 엄마와 같은 맛을 내려고 노력한 듯했다.

시간이 짧지만 프랑스 말고도 이탈리아 여행을 하기로 정했다. 승리가 내 여행이 결정되자마자 돈을 아껴야 한다며 그 당시 우리나라에는 없던 저가 항공 라이언에어를 구매해서 왕복 5만 원으로 로마행 비행기표를 끊었다고 했다. 대륙이 다 연결되어 있으니 이 나라, 저 나라를 서울에서 부산 가듯 쉽게 국경을 넘는다. 언젠간 우리도 철로가 열려 부산부터 아프리카까지 기차여행을 할 수 있는 날이 오기를 바라본다. 저가 항공이 이용하는 보베 공항의 분위기는 생소해서 정말 장터와 같은 분위기였다. 하물며 음료수도 돈 주고 사 먹어야 했고, 비행기 앞까지 걸어가서 계단으로 직접 올라가 타고 로마 공항에 도착했다.

로마 공항에서 테르미누스 역까지 가는 셔틀을 타고 아담한 라디슨 호텔에 도착했다. 로마는 파는 곳마다 유물이 발견된다는 이야기를 들었는데, 호텔에 가서 내 눈으로 직접 확인했다. 호텔을 만들다가 유적이 발견되어 그 부분을 호텔 내부에 보존하고 호텔 투숙객들이 볼 수 있게 해두었다. 시티 투어 버스를 타고 시내를 구경했다. 버스에 탄 순간부터 모두 유적지 같고, 파리와는 또 사뭇 다른 모습이었다. 로마 시내는 거의 모든 건물이 유네스코에 등록되어 있는 유적지여서 수리 허가 받기가 힘들어 거의 모든 건물이 과거대로 잘 보존되었다.

시내를 둘러보고 호텔 근처 한식당을 찾아갔다. 이 식당은 이탈리아에 있는 동안 매일 갔다. 유럽은 워낙에 한국 배낭 여행객들도 많이 다니기 때문에 로마는 현지 한국인 가이드 투어가 활발했다. 딸 지인의 누나가 운영하는 투어를 예약해서 로마 시내 투어와 바티칸 투어를 했다. 첫 번째 투어는 로마 시내 투어였다. 팀은 열 명 내외로 모두 20대 초반 청년들이었다. 투어는 8시부터 시작되었다. 만나는 약속 장소까지는 따로 찾아가야 했다. 사촌 언니와 로마에 왔었던 승리가 일부러 숙소를 근처로 잡아두었다. 다 같이 이동하는데도 대중교통을 이용하는 여행이 더 기억에 남는 것 같다.

시내 관광은 포로 로마노부터 시작되었다. 로마 생활의 중심지였다는데 이미 부서진 것들이 많았다. 콜로세움도 예전의 1/3 정도가 남아 있는 것이라고 해도 상당히 웅장했다. 가이드가 역사 이야기부터 안내까지 너무나 상세하게 설명해줬다. 제일 기억에 남았던 로마 시내 투어는 카타콤베였다. 로마 투어에는 성경적인 이야기가 빠질 수 없다. 가이드는 《성경》 이야기를 하다 나에게 더 설명해주실 게 있는지 물었다. 그래서 성경적인 부분만 학생들에게 부연 설명을 해주었다. 청년들은 나의 설명도 너무나 열심히 들어주었다. 참으로 열성적인 배낭 여행객들이었다.

투어 마지막으로 아이스크림 가게에 갔다. 얼마나 한국인 관광객이 많이 오면 주인이 아이스크림 맛을 한국어로도 구사할 줄 알았다. 더운 여름날 좋은 팀워크로 구경할 수 있었음에 감사하며 지갑을 여는 게 미덕이라는 딸의 말에 팀원들에게 아이스크림을 대접했다. 아이스크림 하나에 다들 얼마나 행복해했는지 모른다.

트레비 분수대에 갔더니 유명세만큼 참으로 사람들이 많았다. 오드리 헵번(Audrey Hepburn)을 아는 사람이라면 로마에 대한 환상 중 하나가 이 분수가 아닐까. "동전 하나를 던지면, 로마에 다시 돌아온다. 동전 두 개는 이탈리아 여행 중에 사랑하는 사람을 만나게 된다. 세 개를 던지면 이탈리아 여행 중에 큰 행운이 온다"는 말이 있다. 분수대의 많은 동전들은 자선단체에 쓰인다고 했다. 아내가 로마의 휴일 영화를 좋아했는데, 생전에 오지 못한 것에 미안함이 사무쳤다. 나도 동전을 던져보았다.

다음 날은 바티칸 투어를 했다. 이번 팀엔 어머니와 함께 배낭여행을 온 모자가 함께했다. 아침 일찍부터 갔음에도 전 세계에서 온 관광객들로 벌써 줄이 길게 늘어져 있었다. 독실한 천주교 신자가 아니더라도 바티칸은 살면서 한 번쯤은 가보고 싶은 곳일 것이다. 캐나다에 살고 계신 사촌 누님은 박정희 시절 파독 간호사였고, 그곳에서 파독 광부인 매형과 결혼해 이민을 가셨다. 한국에 와서 바티칸에서 교황이 집전한 미사에 참석해 제법 교황의 근처에서 교황에게 팔을 뻗고 계셨던 누님의 사진이 생각난다. 그것만으로도 매우 영광스러웠다고 했다.

가이드는 기다리는 시간에 내부를 보기 전, 예습 설명을 열심히 해주었다. 교과서에서만 읽던 내용을 눈앞에 두고 2~3시간을 설렘으로 기다렸다. 내부는 매우 많은 인파로 인해 천천히 걸어야 했다. 작은 것 하나 의미가 부여되지 않은 것이 없었다. 드디어 말로만 듣던 미켈란젤로(Michelangelo)의 천장화를 보았다. '천지창조'와 '최후의 심판'을 달력으로만 봤었는데 힘겹게 목을 젖혀 쳐다보아야 함에도 불구하고 하나하나 눈에 담기 위해 안간힘을 쓰며 보았다. 천장에 카메라가 있다면 이 작품에 목을 젖혀 경이로움을 표현하는 사람들의 표정들 또한 하나의 작품일 것이다. 성 베드로 성당 또한 아름다웠다. 난 성당에 들어가면 늘 기도를 하게 되었다. 이 좋은 것을 아내와 함께 보지 못함에 미안해하며 눈물의 기도를 드렸다. 만지면 소원이 이루어진다고 했던가. 하지만 소원 또한 아내 없는 나의 삶에서는 무의미했다. 로마의 가이드들은 실력이 대단했다. 《성경》 공부, 역사 공부 등 누가 어느 질문을 하건 너무나 명쾌히 대답해주었다. 지금은 갈 수 없지만 트레비 분수에 동전을 던졌으니 언젠간 다시 돌아가겠지.

예전에 폼페이 유물전이 예술의 전당에서 전시되었을 때 승리는 엄마와 함께 갔다고 한다. 너무나 궁금해서 그것을 직접 눈으로 확인해볼 수 있는 코스로 폼페이가 계획되었다. 여름의 뜨거운 날씨에도 그곳은 가볼 만한 곳이었다. 목욕탕 문화가 발전한 곳이었고 타락한 도시였다. 연구자들에 의하면 당시 이곳에 에이즈가 있었을 것이라 한다. 이것은 목욕탕 문화의 발전이 가져온 것이다. 일시에 화산재를 퍼부었고 용암이 흘러 20m 두께로 덮였기에 인간의 힘으로는 어찌할 수 없는 천벌이었을까? 그늘 하나 없이 뜨거운 태양 아래 바닥에서도 열이 올라왔다. 그때 당시의 귀족들의 삶과 시장 등 일상을 알아볼 수가 있었다. 갑자기 이런 자연재해가 덮쳐 도시가 한순간에 끝났다는 게 믿어지지 않았다. 파리에서 어느 정도 걷는 것에 훈련이 되었고, 매일 아내와 아침저녁으로 운동을 해서 나름 체력에는 자신이 있었다. 그래도 많이 걸어서 힘이 들었다. 딸은 체력이 좋지 않은 것이라고 했다. 처음 들어봐서 그런지 인정하고 싶진 않았다.

소렌토로 가기 위해 4km쯤 걸었는데 엉덩이 쪽이 조금 당겼다. 택시를 타고 나폴리 역으로 돌아가자고 했다. 다시 로마로 돌아왔다. 한식당에서 밥을 먹으니 다시금 힘이 나는 듯했다. 어느새 집을 떠나온 지 10일 가까이 되었다. 티는 내지 않았지만, 병원을 오래 비워 걱정되었다. 일정을 바꿔 파리에 도착하면 다음 날 바로 한국으로 가야 할 것 같았다.

아내의 중환자실 입원 내내, 장례식 일정 내내 우리 곁에 있었던 청년이 있었다. 장례가 끝나고 딸들에게 "그 친구는 왜 계속 있었니?" 하고 물었다. 딸아이가 "남자친구니깐 계속 있었지"라며 당연하다는 듯 말했다. 나만 빼고 온 가족이 이미 다 알고 있었다. 아내가 하늘나라에 가기 전, 그쪽 어머님과도 만났고 할머니까지 그 청년을 만나보았다고 했다. 내가 알면 난리가 날 것이 뻔했으므로 나에게만 알리지 않았다. 모두가 이미 예비 사위로 알았고, 지금은 정말 듬직한 나의 사위다. 승리가 귀국 전에 남자친구의 집에 주고 갈 물건들을 옮겨야 한다고 해서 함께 그 집에 방문했다. 건물 문을 통과했다. 그리고 쓰레기장을 통과해서 뒷문을 열고 들어가 나선형 좁은 계단을 올랐다. 파리의 원룸은 대개 그렇지만 심하게 좁았다. 정말 예전엔 이런 방들이 하녀의 방으로 쓰였다고 한다. 들어가자마자 작은 싱크대가 있었고 침대 밑에는 탁자가 있고 낮아서 일어설 수가 없었다. 한번은 한인교회 목사님이 방문하셔서 예배를 드리고 축도하려고 일어나시다가 머리를 심하게 부딪쳤다고 한다. 안에서 밥만 간신히 해 먹을 수 있고, 화장실은 비밀의 화원에서나 나올 법한 큰 열쇠를 가지고 나가면 갈 수 있었다. 앞집도 창문을 통해 다 보였다. 친구들이랑 시험 공부할 때는 이 집이 최고라고 했다. 앉으면 움직일 공간도 없으니…. 다른 관광보다도 나에게는 사위 호균이 방도 큰 관람거리였다.

일정을 당겨 돌아오게 되었다. 딸들이 내 성격을 너무나 잘 안다. 도착하는 즉시 내가 진료를 하러 가리라는 것을 파악해서 돌아가는 비행기는 비즈니스석으로 예약해두었다. 옆 좌석 사람과 부족한 영어로 이야기를 나누게 되었는데 한국의 현대자동차로 일을 하러 간다고 했다. 근데 한국에 돌아와 뉴스를 보니 현대자동차에서 최고의 자동차 디자이너를 영입했는데, 바로 내 옆에 탔던 그 사람이었다.

로힝야 난민촌 1, 2차 봉사와
몽골 의료선교

여러분은 로힝야 난민에 대해서 들어본 적이 있는가? 미얀마에서 사는 로힝야족 90만 명이 대량학살을 피해 방글라데시의 난민촌으로 탈출해왔다. 방글라데시에서는 그들이 빨리 떠나도록 압력을 가하고 있고 그들은 오라는 곳도 갈 데도 없다. 방글라데시는 교육과 취업을 못 하게 규정하고 있다. 이슬람 형제국들의 봉사단들이 식사를 매일 제공하고, 몇 개의 기독교 단체가 의료봉사를 하고 있다. 그들이 생활하는 모습은 6·25 뒤의 우리나라 같았다. 무더운 그곳에서 거적이나 간단한 텐트를 치고 살고 있다. 고아가 7만 명이라고 한다. 할 일 없이 먹고만 있는 곳, 희망을 찾아야 할 곳이다.

우리나라에서는 '지구촌구호연대' 이름으로 봉사했다. 해외의 여러 어려운 곳에 봉사를 갔지만, 이처럼 어려운 곳은 없었다. 의사는 최병한, 최경숙, 장영, 허진숙, 송한별, 치과 이상목 원장 손미혜 내외분, 미국의 변순자, 간호사 고미정, 신승관, 시원숙, 최경숙, 심옥자, 김은수, 전용욱, 백형렬 목사, 정금옥, 이서희, 황병은, 정황언 봉사대원이 인천 공항을 출발해 방콕에서 비행기를 바꾸어 타고 19시간 동안 양방향 2차선의 비포장도로를 달려서 31시간 만에 꾸뚜빨롱 난민촌에 도착했다. 기독의료인 31명이 모여서 1차로 2018년 2월 6일부터 1주간 봉사를 했다. 희망이 없는 그들에게 희망을 심는 것이 가장 우선이었다.

방글라데시인들과 의사가 통역을 했지만 제대로 되지 않았다. 우리가 미리 써서 간 말을 읽으며 손짓과 발짓의 신체 언어로 진료했다. 모든 환자에게 먼저 손을 내밀어 악수하며 인사를 했다. 따뜻하게 대하며 진료했더니 희망 없이 무표정하던 그들의 얼굴에 조금씩 웃음이 피어나기 시작했다. 여성들은 그녀들이 착용하고 있는 이슬람교도들의 히잡을 벗기고 진찰을 해 그들을 억압하고 있는 굴레를 벗을 수도 있음을 알려주었다. 다리가 부러져도 치료받지 못해 꺾인 상태로 살고 있고, 피난 당시 부모가 살해당한 처참한 사건을 보고 실어증에 걸린 채 살거나 병이 있어도 치료받지 못한 상태로 살고 있었다. 피난 오면서 미얀마 군인과 경찰들에게 강간을 당해 임신한 사람들로 인해 수많은 고아가 발생했다. 난민촌에 점심시간에 갔더니 밥을 받기 위해서 무더운 곳에서 길게 줄 서서 기다리고 있었다. 이마저도 밥을 받다 줄 사람이 없으면 굶어야 한다. 아침에 가서 저녁 늦게까지 봉사하고 마을로 내려가서 취침했다. 우리가 기거하는 숙소는 수돗물이 끊기면 비누칠하는 중에 쉬었다가 샤워해야 하는 경우도 있었다. 통역이 시원치 않아도 많은 환자를 진료할 수가 있었다. 내과는 신순관 선생님께서 정성껏 도와주셨기 때문이다.

2차 봉사는 우기 여름에 했다. 평소에 같이 봉사했던 분들이 가까운 분들에게 연락해 봉사단을 이루었다. 2차 봉사는 1차에 너무 힘들거나 사정이 생긴 분들을 제외하고 분당의 한신교회 의료선교회와 함께 떠나게 되었다. '지구촌구호연대'가 그동안 많은 곳에 홍보해 최병한, 최경숙, 허진숙, 장영진 교수, 이순덕, 이정화, 장은서, 시원숙, 분당한신교회에서 유준상 치과원장, 장진환 목사, 장인국, 손미현 약사, 윤진중 사장이 함께했다. 부산 고려신학대학교의 이병수 교수와 〈부산일보〉의 정종회 기자, 송성진 사진작가와 미국에서 오신 외과 박광순 선생님이 합류하게 되었다. 2차 봉사에서는 방글라데시행 비행기로 바꾸어 타기 위해 9시간 기다려서 다카로 갔다. 다카에서 버스를 타지 않고 콕스바자르행 비행기를 타고 콕스바자르에서 3시간 동안 버스를 타고 꾸뚜빨롱으로 갔다. 저녁 때 도착했는데, 많은 아이들과 주민들이 우리를 환영해주었다. 1차 때와는 달리 지하 깊숙히 샘을 파서 마음껏 맑은 물을 마실 수 있게 했고, 놀이터도 예쁘게 만들어서 아이들이 마음껏 놀 수 있도록 해두었다.

그런데 도착하자마자 다시 콕스바자르로 되돌아가라고 했다, 난민촌에서 세 건의 살인 사건이 일어나서 정부로부터 강력한 명령이 떨어져서 저녁에는 나가야 한다는 것이었다. 우리가 온다는 소식을 듣고 도착하자마자 십이지장 궤양을 수술한 환자가 왔다. 들어오자마자 살 썩는 냄새가 났다. 다행히 외과 박광순 선생님이 상처를 닦고 치료하는 기구 케리로 배를 찌르니 고름이 푹하고 터져서 나왔다. 배 속까지 모두 씻어내고 치료했으나, 우리를 강제로 나가라고 해서 수술했던 병원으로 가서 계속 입원해 치료받도록 했다. 우리에게 입원실이 있었다면 좀 더 확실하게 치료했을 텐데…. 언제나 해외 진료를 나가면 지속해서 치료해주지 못해서 아쉽고, 더 많은 환자를 수용하지 못해서 미안한 마음을 안고 오게 된다. 한번은 머리를 다쳐서 두피가 찢어진 어린이가 왔다. 흘러내리는 피를 본 아이는 두려움으로 마구 움직였다. 가만히 있지를 않아 머리를 잡고 있는 내 손에 피가 범벅이 되었다. 가까스로 꿰매주어 돌려보내고 3시간 동안 버스를 타고 다시 콕스바자르로 가서 저녁 식사와 취침을 했다.

나는 장영진 교수와 같은 방을 쓰게 되었다. 장 교수와 나는 같은 방 친구가 되어 한결 가까워져 많은 대화를 나누었다. 실제 교회의 문제 등 앞으로 우리가 신앙인으로서 혼탁한 세상에서 어떻게 살아야 할까에 대한 내용이었다. 다음 날 새벽 6시에 출발해 9시에 진료를 했다. 둘째 날 저녁에는 평가회를 하고 늦게 잠을 잤다. 새벽에 장 교수와 나를 두고 버스가 출발했고 어렵사리 하룬과 연락이 닿아 한참 기다려서야 버스가 다시 되돌아왔다. 우리를 태우고 출발했다. 언어도 안 통하는 곳에서 난감하기도 했다. 마지막까지 진료하고 저녁에 버스를 타고 난민촌에서 콕스바자르로 나갔다가 아침에 다시 꾸뚜빨롱의 난민촌으로 오는 형식으로 진료했다.

뜨거운 찜질방 같은 곳에서 더욱 밝아진 환자들을 볼 수 있었다. 아침 일찍부터 많은 환자들이 모여서 기다리고 있었다. 일부는 노래를 부르고 있었다. 지난 1차 때보다는 난민들의 표정이 한결 밝아졌다. 오랫동안 그 누구도 거들떠보지 않던 사람들이니 간암, 갑상선암, 그 외에 다른 중한 환자도 많이 진단되었다. 사무실 발표로는 '실내가 65도로 우리 찜질방 수준'이라고 했다. 양쪽 벽과 천장은 양철로 되어 있고 선풍기와 에어컨은 없다'고 했다. 그러나 우리는 한 사람이라도 더 진료하기 위해 애쓰다 보니 더위는 큰 문제가 되지 않았고, 시간이 어찌나 빨리 갔는지 모르겠다. 금방 점심시간이고 진료하다 보면 곧 저녁 식사시간이 되었다. 관계 당국자들은 오후 5시만 되면 빨리 난민촌을 나가 달라고 독촉했다.

약국에서 근무하시는 약사님과 함께하시는 분들은 얼굴이 빨갛게 익었다. 점심시간 후 잠시 쉬시는 모습을 사진으로 보니 의자에서 늘어져 있는 듯했으며, 장 교수는 온몸이 땀으로 범벅이 되도록 젖어 있었다. 어느 곳에서나 내과가 가장 환자가 많아서 우리는 간신히 점심을 때우고 다시 진료를 시작했다. 더위를 식히기 위해 간혹 머리와 얼굴에 찬물 수건을 대는 것이 전부였다. 고아원에서는 선생님이 열심히 노래를 가르쳐서 아이들은 〈나는 하나님을 예배하는 자〉라는 노래를 우리말로 상당히 잘 따라 불렀다. 다음 날 점심 식사 후에는 고아원 어린이들의 세족식을 거행했다.

맨발로 다니던 아이들이지만 세족식을 좋아해 몇 명씩 발을 씻겨 주었다. 다른 아이들은 꼭 안아주었다.

저녁에는 소를 한 마리 잡아서 어른들도 모두 초대해 대접했다. 마지막 날에는 오전 진료 후 점심 식사하고 모든 봉사를 마치고 되돌아오게 되었다. 그동안에 최 박사와 정이 들어서인지 그곳 현지 의사가 눈물을 흘리며 최 박사에게 안겼다. 같이 진료를 했던 그곳 간호사들도 헤어지기 아쉬워했다. 물론 어린이들도 헤어지기가 섭섭해 눈물을 흘리며 우리를 배웅했다. 허진숙 선생은 3,000만 원을 투자해 고아원 설립을 하도록 했다. 또한 여성센터를 설립하기 위해서도 다양한 노력을 했다. 그 외에도 아프리카 브룬디의 나병환자촌과 우즈베키스탄에 정기적으로 갔고, 아프카니스탄, 인도네시아 등 해외봉사에 수시로 병원 문을 닫고 나가곤 했으며, 이번 코로나 유행 시에도 서울시에서 1시간만 있어도 어지럽고 숨이 막히는 장비를 착용하고 2주간 봉사하고 2주간 격리를 받기도 했다. 존경받아 마땅한 후배다.

나는 식량 자급이 절실하게 생각되었을 때 몽골에 의료선교를 갔다. 몽골의 면적은 우리나라의 7.5배, 인구는 300만으로, 세계에서 인구 밀도가 가장 낮은 나라 중에 하나다. 수도는 울란바토르다. 가장 추울 때는 영하 45도까지 내려간다. 몽골족이 95%이고 나머지는 투르크족이다. 인종적으로 우리와 같은 몽골 인종이고, 국호는 '몽골국'이다.

중국은 몽골을 멸망시키기 위해 라마교 승려들에게 매독을 전염시켰다고 한다. 이때 우리나라 애국지사 이태준 선생이 몽골을 구했다. 몽골에서 근대 의술로 명성을 떨친 그는 의사라는 안정된 삶을 버리고, 조국 독립에 헌신했다. 일제강점기 몽골에서 독립운동 거점을 만들어 항일한 애국지사다. 경남 함안에서 태어난 이태준은 1907년 세브란스 의학교에 입학한 뒤, 도산 안창호의 영향으로 독립운동의 길을 걷게 된다. 1910년대 몽골을 휩쓴 전염병을 치료하면서 의사로서 명성을 떨쳤고, 몽골 마지막 왕의 주치의가 되었고 최고훈장까지 받았다.

몽골 수도 울란바토르 한가운데, 한국인 의사 이태준을 기리는 기념공원을 세웠다. 의미가 있는 것은 몽골 정부에서 약 2,000평 부지를 제공했다. 그가 일본의 힘이 미치지 않는 몽골로 근거지를 옮긴 것은 비밀군관학교를 세우기 위해서였다. 1914년, 그는 김규식 선생과 함께 몽골에 독립운동 기지를 만들었다. 울란바토르에 세운 병원 동의의국은 중국과 러시아를 오가는 수많은 애국지사들의 독립운동 거점이 되었고, 파리강화회의에 파견되는 김규식에게 거금 2,000원을 지원했다. 몽골의 슈바이처로 불리며 독립운동의 지평을 넓힌 이태준에게 정부는 건국훈장 애족장을 추서했다.

몽골은 세계 10대 자원국이다. 몽골과 밀접한 관계를 가지면 식량 자급, 탈북자 대책 등 통일에 큰 도움이 될 것으로 생각한다. 내가 청와대 정태호 정책비서관(현 의원)에게 건의해 몽골의 외무부 장관이 약 15년 전 탈북자를 무제한으로 받아주겠다고 발표한 적이 있다. 우리 탈북자들이 중국에서 인권 유린을 당하지 않을 수 있는 좋은 대안이 될 것이다.

일찍이 이태준 선생이 몽골에 병원을 세워 의료 지원을 장기간 해와서 우리나라와 좋은 우호관계를 유지하고 있으며 지금은 송도 병원 등 많은 병원이 진출해 좋은 역할을 하고 있는 것으로 안다. 몽골은 기후가 추워서 여름철에 일찍 봉사를 가지 않으면 추워서 봉사하기가 힘들다. 몽골에서 제일 큰 쇼핑센터는 우리나라 사람이 운영했으나 6개월이 겨울인 몽골에서 견디지 못하고 철수했다. 많은 나라에 의료선교 봉사를 갔지만, 이곳은 비교적 경제적 수준이 높아서 많은 의료 혜택을 누리고 있었다.

나는 로힝야 난민의 설움을 보고 과거에 우리나라가 받은 많은 후원을 생각해보았다. 우리가 그들을 적극적으로 후원하고 외교적으로 그들의 갈 길을 열어줄 수 있길 바란다. 그들에게 제일 필요한 것은 희망이다. 끝이 없이 광활한 몽골 땅을 보며 10대 자원국의 면모를 보았다. 우리의 정치 지도자들은 국내에서 편협한 가짜 대표들과 싸우지 말고 전 세계를 바라보며 외교를 펼치고 수십 년 앞을 내다보며 우리나라가 나아가야 할 길을 열 수 있길 바란다.

나는 진료하는
행복한 내과 의사

　병원이 서울 시내에서 유명해지고 환자가 많아져서 존재가치가 높아지고 경제적으로 많이 베풀 수 있게 되어 우리 부부와 가족들은 참으로 행복했다. 우리 병원이 잘된다는 소문이 나자 기독 의원이 우리 병원 옆으로 건물을 사서 이전해 주변 원장님들께 비난을 받았다. 하지만 기독 의원이 우리 병원 옆으로 오자 우리 병원은 더욱 환자가 늘어났다. 기독 의원이 우리를 광고하고 환자들을 몰아와서 결국 우리를 도와준 형국이 되었다.

　얼마 후, 건너편에서 경영 상태가 어려웠던 문 이비인후과가 와서 우리 병원에서 넘치는 환자들이 가기 시작해 성황을 이루었다. 잘 모르는 환자들은 비염뿐 아니고 폐렴, 폐결핵, 폐암, 천식까지 호흡기 질환은 모두 감기라고 이비인후과를 찾는다. 이는 심각한 일로써 정부나 건강보험 차원에서 홍보해야 할 일이다. 거기에서 한동안 치료해도 효과가 없으면 내과로 와서 진료를 받는다. 내과는 장시간의 진료가 필요하다. 환자가 피로를 호소하며 병원을 방문하면 왜 피로한지 연관된 모든 병을 생각해서 거기에 따른 자세한 문진, 이학적 진찰과 검사를 한다. 또 같은 가슴 통증으로 와도 환자마다 전혀 다른 진료 및 치료를 받을 수도 있다. 진찰 중에 환자가 말한 불편한 부분이 아닌, 전혀 다른 장기에서 심각한 질병이 발견되는 경우도 있다.

내과는 응급한 상황이 언제든지 발생할 수 있는 진료과로 잠시도 방심할 수 없다. 한번은 먼저 진료받은 환자의 기록을 마무리하면서 다음 환자를 불러 잠시 앉혀놓고 얼굴을 보고 진료를 시작하려는데, 첫마디를 물어보는 순간 환자가 심장마비를 일으켰다. 큰소리로 사무장을 불러서 다른 진찰실로 이동해 심장 마사지 등 소생술을 시행한 후, 다행히 살릴 수 있었다.

한 환자는 수영하고 와서 기운이 없다 해서 내가 진찰하기 전에 간호사가 혈압을 쟀는데 약간 낮았다. 내 옆으로 불러서 다시 재는데 잴 때마다 혈압이 더 내려가서 다른 처치실로 옮긴 후 심장마비가 왔고 소생술을 실시해 다시 살아났다. 환자가 잔뜩 밀려 있는 어느 토요일에 권 비뇨기과에서 간호사가 전립선염 치료받고 있는 환자가 심한 호흡곤란을 호소해 모시고 왔다. 환자는 막무가내로 약 부작용 때문이라고 우겼다. 토요일이어서 기다리는 수많은 환자를 뒤로하고 심전도 검사를 하는 동안 처방된 약을 검토한 결과, 그런 증상을 일으킬 약은 없었다. 심전도 경과를 보니 스물여덟 살로 전혀 생각하기 어려운 급성심근경색이었다. 모든 환자가 불평하고 돌아갈지라도 이 환자를 우선으로 진료했다. 급히 이송해야 하는데 이대로 가면 심한 과호흡 때문에 가다가 사망할 것 같아 처치를 하고 안정시켜서 급히 고대 구로 병원으로 보내어 완치되었다.

또 고혈압으로 개원 초기부터 간헐적인 치료를 받아온 서른두 살의 여자 환자가 있었다. 그분은 가정 형편이 어려워서 계속 치료받기가 곤란해 의료 보호 카드를 만드는 방법을 자세히 가르쳐 주고 동사무소에 연락해 조치했다. 그런데 어느 날, 이 환자가 심한 호흡 곤란으로 내원했다. 지나가는 차가 급히 싣고 왔는데, 혈액 투석을 할 날짜를 넘겨서 이렇게 되었다. 간단히 진찰하고 곧바로 응급실로 옮기기로 했다. 당시는 119도 없고 우리도 구급차가 없는 상태였는데, 환자를 데리고 온 차주가 기다리고 있었다. 그 차주는 환자와 아무런 관계가 없는 분이었다. 환자를 실어다 주면 그만이라고 생각할 수 있는데 기다리고 있었던 것이다. 이 차주는 하나님께서 보낸 천사 같았다. 환자는 양지병원 응급실에 들어서면서 심장마비가 왔고, 소생술 후 원래 혈액 투석 치료를 받고 있는 순천향병원으로 옮겨가서 혈액 투석 후 치료되었다.

독감 인플루엔자가 유행이어서 종합병원보다 많은 환자를 진료하던 시기였다. 박향자 간호사는 경력이 많아서 주사실에 다닐 때 대기실을 한 번씩 보면서 다녔다. 그런데 기둥 뒤에 앉아 있던 일흔다섯 살의 여자 환자가 쓰러지려 했다. 환자는 고열이 나면서 상태가 안 좋아서 모든 환자를 뒤로하고 즉시 치료를 했다. 다행히 상태가 호전되어 무사히 집으로 가게 되었다. 단순히 환자나 그 문제만 보지 않고 주변 문제와 주변 사람까지 살핀 박 간호사 덕에 환자를 구했다. 순서를 기다렸다면 생명을 잃을 뻔했다.

오후 5시가 넘은 시간에 50대 여자 환자가 들어왔다. 진찰 소견상 빈혈 외에는 큰 문제는 없는 것처럼 보여 빈혈에 대한 혈액 검사를 했다. 환자는 보호자와 함께 가서 채혈하고 검사 결과를 기다리며 나란히 앉아 있었다. 그런데 갑자기 간호사가 소리를 지르며 뛰어가더니 환자를 붙잡았다. 환자가 보호자 옆에 앉아 있다가 쓰러지려 한 것이다. 그대로 넘어졌으면 머리를 다쳐서 또 다른 병으로 고통을 받았을 것이다. 혈액암 환자로 진단되어 삼성병원 응급실로 보냈다. 너무 낮은 의료 수가로 인해 인력은 한정될 수밖에 없다. 그러나 병원은 환자에게서 잠시만 눈을 떼도 큰일이 일어날 수가 있다. 큰일이 일어날 수 있는 것에 대한 대책은 없다. 그저 손쉽게 병원에서 책임지라고 한다.

큰 병원으로 보낼 수밖에 없는 심한 기관지천식 환자가 왔다. 하지만 토요일은 짧은 시간 동안 환자를 진료하기 때문에 정신없이 바쁘다. 환자들도 많이 기다리니 조바심도 나는 날이다. 성림교회 담임 이재영 목사께서 전화로 일흔일곱 살 기관지천식 환자를 부탁해 모시고 왔다. 환자의 상태는 굉장히 심해 응급실로 보내야 할 상황이었다. 그런데 교회 집사님이 환자만 내려놓고 보호자도 없이 가서 참으로 곤란한 상태였다. 그런데 그분이 돌아가실 가능성이 있는데 그냥 보낼 수도 없고 병원에 환자들은 잔뜩 기다리고 있는데 내가 모시고 갈 형편도 못되어 진퇴양난이었다. 지체할 수 없기에 즉시 치료를 시작해 수액과 기관지 확장제를 달고 산소 호흡을 시키며 다른 환자를 진료하면서 관찰했다. 다행히 환자의 상태가 현저히 좋아졌다. 그렇지만 언제든지 다시 악화될 수 있어서 의뢰서를 써드리고 종합병원에 입원하도록 권유했다. 진료가 끝나고 퇴근하면서 보니 아들과 한참 동안 다툼을 벌이고 있었다. 나는 아들에게 빨리 병원으로 모시고 가라고 했다.

그런데 그다음 주 월요일에 딸들이 와서 어머니가 양지병원 응급실에 가셔서 돌아가셨다고 하며 왜 돌아가셨는지를 따졌다. 이 환자는 혼자 사셨는데, 평소에는 와 보지도 않던 보호자들이 보상을 바라고 온 것이다. 평소에 잘 모시는 사람들은 그런 상황이면 "치료하시느라고 수고하셨다"고 감사하는 말을 하지만, 평소에 잘 모시지도 않고 관심도 없는 사람들은 환자가 돌아가시면 행여 우려먹을 것이 있나 하고 나타날 뿐 아니라 협박까지 한다.

또 한번은 서른두 살의 여성 환자가 내원했는데, 이학적 진찰에서 비장이 커져 있었다. 피 검사를 해보니 만성 백혈병이었다. 남편은 고시 공부하고 있고 이제 한 살 된 어린 딸이 있었다. 참 난감했다. 잘 치료되어야 할 텐데 이를 어찌한단 말인가? 요즈음은 골수 이식도 있으니 열심히 기도하면서 치료받으라고 의뢰서를 써서 보냈다. 물론 우리도 아침 기도 시간에 기도했다. 며칠 후 대구에 있는 친정어머니가 나를 찾아왔다. 원장님은 기도하는 분이니 기도를 부탁한다고 하며 딸의 명함을 주었다. 그때부터 아침 기도 시간에 우리 직원들과 함께 더욱 열심히 기도드렸다.

약 부작용은 언제나 누구에게나 일어날 수 있다. 음식을 먹을 때 두드러기가 나는 것이나 무슨 물질을 접촉했을 때 피부에 피부염이 나타나는 것과 같다. 특정 물질에 특별하게 반응하는 특이체질인 경우는 예측할 수 없는 경우가 많다. 환자 문진을 할 때 과거에 약물이나 음식에 부작용이 있었는지 자세히 물어도 방지가 어렵다. 약 부작용은 때로 호흡 곤란을 일으켜 생명을 잃는 수도 있다. 그러나 이러한 상식이 없는 환자는 의사의 잘못이라고 막무가내로 떼를 쓰고 의사를 어렵게 한다.

내과는 자세한 진료가 필요하지만, 이비인후과는 진료 시간이 짧기에 기다리지 않고 코가 막힌 환자들은 스프레이로 금방 코가 뚫리니 멋모르는 환자는 이비인후과를 선호한다. 하지만 기침을 하면 무조건 내과 진료를 받길 권한다. 환자들은 호흡기 질환을 모두 감기라고 진단하고 이비인후과에서 진료를 받지만, 기침을 하면 청진을 비롯해 흉부 진찰을 해야 한다. 그렇기에 반드시 내과에서 진찰을 받아야 한다. 기침을 유발하는 질병은 폐암, 폐결핵, 폐염, 기관지천식, 기관지 확장증, 만성폐쇄성 폐질환 등으로 생명의 위협을 받을 수도 있다. 이런 위험한 병은 대충 코나 목을 보아서는 알 수 없다. 이학적 진단을 자세히 하고 흉부 사진을 찍어보기도 해야 한다.

어떤 일흔여섯 살의 환자는 기침 때문에 왔는데, 청진해보니 우측 폐 폐문부에 약간의 잡음이 들려 흉부엑스선 사진을 찍어야 겠다고 했다. 환자는 "그러지요" 하면서 검사를 했다. 폐암이었다. 다행히 조기에 서울대학에 보내어 수술을 받게 되었다.

몇 가지 예를 들었을 뿐, 위험한 경우는 한두 가지가 아니다. 44년간 매일이 기적이었다. 매일매일의 기적 속에서 아직 건재하게 하신 하나님께 감사를 드린다. 이렇게 많은 기적을 이루신 그분께서 우리 가족의 기도와 기적은 언제 이루어주실 것인가? 우리가 행복해지고 선교에 매진하자 주변 교회들이 우리를 설교 예화로 말씀하기도 했다. 의료선교회에서 해외 의료선교를 가면 아내는 병원을 지키고 있었다. 아내와 같이 갈 것을⋯. 아내에게 고생만 시키고 남들 다니는 해외여행도 시켜주지 못한 것이 두고두고 마음 아프다.

의사는 매일의 기적 속에서 사는 외줄 타기 인생이다. 한 발만 잘못 디디면 터지는 지뢰밭 인생이다. 매일의 기적 속에서 감사의 삶을 살고 있다. 한시도 방심할 수 없는 긴장된 하루하루를 산다. 작업 환경은 폐결핵, 독감 등 갖가지 병균을 가지고 온 환자들이 내 입에 대고 직접 균을 선사하고 간다. 스트레스를 받으면 면역이 떨어져 병에 잘 걸린다. 진료하는 후배들이 나와 같은 전철을 밟지 않고 같이 고생하는 아내를 잘 모시길 바란다. 그리고 스트레스를 받지 않도록 노래와 운동을 해서 항상 행복하게 진료하고, 생활하길 바란다.

다시 시작하는 꿈과
불꽃 같은 삶

여러분은 대의에 대해 아는가? 모든 사람에게 무엇이 가장 중요한가? 우리 삶에 가장 큰 영향을 끼치는 것은 무엇이라고 생각하는가? 우리의 일을 우리가 하지 않으면 누가 대신할까? 모두 고상하게 살기 위해서 더러운 곳에 들어가지 않으면 더러운 것은 누가 치울까? 여름에 수영하다가 물에 빠진 아이를 보고 '건지다가 위험하지 않을까?', '저 아이를 구해서 이익이 있을까?'를 생각하며 다른 사람이 하기를 바라고 지나친다면 그 아이는 어떻게 될까? 또 내가 물에 빠진 상태라면 어떠한 바람이 있을까? 예수님이 그것을 보고 계셨다면 어떻게 하실까?

"누가 강도 만난 자의 이웃인가?"라는 질문에서 예수님은 분명하게 말씀하신다. "자신의 임무 때문에 거룩함을 지키려는 제사장도 레위인도 아니고 즉시 자신의 안위를 생각지 않고 강도 만난

자를 돌봐준 신분이 천박한 사마리아인이 진정한 이웃이다"라고 하셨다. 여름철에 환경미화원이 7일간 파업한다면 당신 집과 동네는 어떻게 될까? 우리나라는 어떠한 바람이 불어도 안전한가? 나는 우리나라에 대해서 항상 불안한 마음을 가지고 있다. 그리고 견고한 나라로 반석 위에 세워야 한다고 생각하고, 내가 할 수 있는 작은 일부터 즉시 행동하면서 살아왔다. 비난한다고 더러운 것이 깨끗해지는가? 내가 직접 더러운 곳에 들어가서 더러운 것들을 건져야 한다. 누구든지 문제가 생기면 말만 하지 말고 대안을 생각하고, 그 대안을 나와 우리가 행동으로 실천해야 한다.

우리나라는 왜 안전하지 않은가? 여러 가지에서 기본을 갖추지 못했다. 희망이 없다. 그러니 자살률 1위가 아닌가? 원칙과 질서가 없다. 원칙과 질서가 확립되어 있으면 누구나 선한 마음으로 열심히 노력하면, 꿈이 이루어질 것이라는 확신이 있고 희망이 생겨날 것이다. 우리나라는 지하자원이 없는 나라다. 유일한 자원인 인적자원도 곧 고갈될 것이다. 희망이 없으니 출산을 못 하고, 키우는 데 너무 비용이 많이 들어서 키울 능력이 없다. 교육비를 올려서 키울 능력을 국가가 빼앗았다고 생각지 않는가? 부동산값을 올려서 결혼할 수가 없다.

선하게 사는 사람이 대우받는 세상이라고 생각되는가? 지금 친일파 후손들이 어떻게 살고 있는가? 서북청년단의 후손들은 어떻게 사는가? 조국의 독립을 위해 희생된 가족들은 어떻게 살아야 하는가? 나는 헌신하신 그분들의 가정에 가서 의료봉사를 하고 실제 눈으로 보았다. 전두환, 노태우, 정호용 장세동, 허삼수, 허화평, 허문도, 이학봉 등이 어떻게 살고 있는가? 자유당 정권의 후예들, 4·3 사건, 여수·순천 반란 사건, 4·19의거, 광주민주화운동 희생자들과 진압자 가해자들이 어떻게 살고 있는가? 언론에서도 정직한 보도를 하는 언론과 왜곡 언론 재벌은 어떠한 상태인가? 국가는 왜 광주 진압군 재판을 제대로 못 하는가?

이러니 국민의 마음은 억울하고 불안한 것이다. 반국가적이며, 반인륜적인 범죄는 공소시효가 없다. 그래서 독일은 지금도 저 남미의 끝에 숨어 있는 나치 전범들을 다 찾아서 처벌한다. 그런 나라에서 다시 그런 범죄가 일어나겠는가? 그런데 우리나라에서는 광주에서 양민을 학살한 장교들을 처벌했는가? 장교들을 법대로 처벌하면 발포 명령자도 순식간에 찾을 수 있다. 처벌받은 사람들이 혼자만 죽겠는가? 검찰과 법관들이 제대로 역할을 못 하고 있으니 국민이 불안정하고 억울할 수밖에 없다. 정치인들은 무슨 목적으로 정치하는지 묻고 싶다. 국가와 국민을 위해 봉사해야 하는 것이 아닌가? 출세, 명예, 권력, 이권, 무엇이 목적인가?

하늘나라에 가서 "너는 세상에서 무엇을 하다가 왔니?" 했을 때, "대통령 하다가 왔다", "판사, 검사하다 왔다", "국회의원 하다 왔다"라고 말하면 "너는 태어나지 않았으면 좋을 뻔했다" 하실 것이다. 목적이 분명해야 할 것이고, 정치인과 법조인에게 무엇이 중요한지 알아야 할 것이다.

정치란 무엇인가? 정치는 국가권력을 획득·유지·조정하고 통치자나 정치가가 사회 구성원들의 다양한 이해관계를 조정하는 행위다. 여러 정의를 종합해서 정의하면 그렇다. 정치는 우리 생활의 모든 분야를 통제 및 관리하고 있어 우리 삶에서 가장 영향력이 크고 중요한 것이다. "정치인들이 더럽다"라고 해버릴 수도, 무관심할 수도 없다. 여러분은 돈 없이 살 수 있는가? 내 돈을 남이 아무렇게나 써도 좋다는 사람은 무관심할 수 있다.

나는 아버지가 당신이 국회의원이 될 것도 아니면서 자기 돈 내고 선거운동원들을 밥을 해서 먹이면서 자유당 시절부터 열심히 하셨던 것을 보아왔고 이해했다. 평범한 보통 시민이면 당연히 해야 할 일인데, 이렇게 열심히 하신 우리 아버지가 존경스러운 것은 왜일까? 대부분의 국민들이 자신들이 해야 할 일들을 안 하고 있기 때문이다. 시국이 심하게 어지러울 때 소수의 지성인들이 성명서를 발표하는 것을 훌륭하게 생각하는 것도 마찬가지다. 지성인이라면 민주시민으로서 당연한 행동을 해야 할 것이다. 당연한 일을 하는 것은 고통을 겪을 각오를 했기 때문에 용기라고 할 수 있다. 배운 사람들이 행동하지 않는 것은 "모두 다 죽으려 하면 모두 살고 나만 살려 하면 다 죽는다"는 지극히 쉬운 진리를 모르고 있는 것이다. 나만 편하고 다른 사람들이 이루어놓은 것을 누리려는 지극히 이기적인 사람이다.

"행하지 않는 신앙은 죽은 신앙이며, 행동하지 않는 양심은 악의 편이다"라는 말을 들어본 적이 있는가? 모든 국민이 정치에 관심을 가지고 이 더러운 정치를 빨리 바꾸지 않으면 현재의 고통과

혼란은 계속되고 나라는 언제 멸망할지 모른다. 우리는 자원의 빈곤 때문에 수출이 안 되면 순식간에 국가 부도가 올 수 있다. 코로나19 정국에서 우리는 보고 있다.

나는 위기에 직면해 있는 우리나라를 견고하게 할 방법에 대해서 어렸을 적부터 생각하고 행동하면서 살아왔다. 하지만 정치를 본격적으로 공부한 것은 김영삼 대통령 취임 후, 우루과이 라운드 통상협상 시 미국의 통상협상단 대표가 와서 쌀 개방을 요구하면서 한국의 관용 자동차를 미국산으로 바꾸기를 요구했다는 뉴스를 접하게 되어 본격적인 위기를 실감하면서부터다. 그때부터 KBS1의 〈심야토론〉을 보면서 우리나라 문제에 대한 대책을 찾아 정리하는 방법으로 공부했다. 식량 자급부터 막대한 일자리 창출, 통일 정책까지 다른 당이 생각지 못한 110가지 이상의 정책을 준비했다.

식량 자급률이 23.3%밖에 안 되는 우리나라에는 충분히 가능한 요구가 될 수 있다고 생각되었다. 지금은 전 세계적으로 식량이 남기 때문에 수입해서 먹을 수 있지만, 절대 식량이 부족해지면 수입이 제한될 것이고 식량이 무기화가 될 것이다. 그때는 조건부로 '우리 자동차를 다 사면 식량을 팔겠다', 그다음에는 '컴퓨터를 사라', '조기경보기 사라', '무기를 사라'고 한다면 우리나라의 산업이 차례로 무너질 것이다.

처음에는 1% 쌀 개방을 요구했다. 저수지에 조그마한 구멍이 뚫리면 처음에는 괜찮지만, 머지않아 저수지 둑이 터지게 될 것이다. 밀가루가 수입되면서 값싼 미국 밀가루에 밀려 밀 농사가 없어질 때도 있었다. 식량이 자급되면 이런 일을 막을 수 있다. IMF와 같은 금융 위기나 코로나19로 세상이 꽉 막혀도 식량을 배급해서 먹고살면서 연구하고 준비하면 다시 소생하고 부흥할 수있다. 그래서 이때부터 식량 자급이 가장 시급한 문제라고 여기고 대비하기로 했다.

나는 농림축산식품부 장관이 아니고 아무런 힘이 없다. 그렇지만 내가 할 수 있는 일이 있다. 식량 자급의 중요성을 알리고 어떻게 하면 식량을 자급할 수 있는지를 연구하는 일이다. 일차적으로 연구하면서 경제정의실현시민연대에 전화로 연락해 중요성을 말했더니 자료를 한 보따리 보내주었다. 당시 정책실장이자 중앙대학 김성훈 교수와 전화로 논의했다. 그는 그 뒤 김대중 정부에서 농림부(현 농림축산식품부) 장관에 기용되었다. 그는 농가에 보조금을 줄 수 없어서 쌀농사를 지킬 수 없다고 했다.

그러나 나는 농민들에게 보조금을 주지 말고 노후 보장보험 등 보조금이 아닌 다른 방법으로 소득을 보장하면 가능하다고 생각했다. 농사를 지어 식량을 생산하는 농민에게 농사의 양에 따라 보장보험을 들어주어 지속해서 생산량을 늘리는 것이다. 또한, 해외 식량 생산기지를 만드는 방법을 가지고 있었다. 전국농민회 게시판과 내가 실을 수 있는 곳에 글을 썼다.

식량 자급을 해야 하는 이유는 식량 무기화가 가장 크고 국민 건강과 치수(물 관리)에 중요하다. 논에 전국 저수지에 있는 물의 1.7

배가 있다. 그래서 논에 쌀농사를 지으면 습도를 조절해 환경 보호와 호흡기 질환을 예방할 수 있다.

아내는 호인수 신부님을 통해 경상북도 봉화에서 농사짓는 정호경 신부님을 소개받고 휴가 때 방문해 가르침을 청했다. 1993년 7월 29일 오전 7시, 가장 무덥고 휴가로 여행을 떠나는 사람이 가장 많은 시기였다. 이른 시간부터 차는 밀리기 시작해 거북이처럼 진행했다. 에어컨을 고쳐도 성능이 신통치 않은 차를 타고 출발했다. 에어컨을 조금 틀고 가다가 소리가 이상해지면 끄고, 켜고 끄기를 반복했다. 우리 부부는 뻘뻘 흘리는 땀을 닦으면서 끝없이 이어지는 자동차 행렬 가운데 꾸불꾸불한 길을 기어서 갔다. 나사와 같은 산길을 돌아 돌아서 9시 15분경에 영주에 도착하니 식당들은 문을 닫기 시작했다. 식당에 사정해 간신히 저녁을 사 먹고 여관에 들어갔다. 너무 늦어서 봉화에는 다음 날 가기로 했다.

다음 날, 봉화에 도착해 정 신부님을 만났다. 통나무집을 직접 지었고, 트럭이며 경운기 등 농기구도 본인이 직접 운전하고 다니신다. 식량 자급을 하는 것이 우리나라에 큰 과제인데 어떻게 하면 되겠느냐고 질문을 드렸더니 탁상공론만 하지 말고 직접 농사를 지어보라고 하셨다. 지도층 인사들이 모두 농사를 지어야 된다는 것이었다.

우리는 서울에 올라왔고 임진강 범람이 있은 후, 파주에 가서 농지를 사려고 했더니 개간할 수 있는 산은 1평당 1만 원, 농지는 4만 원씩에 판다고 했다. 몇 차례 방문했는데 중개인 말로는 이곳

파주는 다른 지역과는 달리 농사를 관리해주는 사람이 없다고 했다. 주변에 관리해줄 사람이 없으니 포기할 수밖에 없어 농사를 짓는 것이 좌절되었다. 만약 그때 농지를 샀더라면 우리는 몇백억 원을 가진 부자가 되었을 텐데! 하나님은 우리에게 공짜는 주시지 않고 '1+2=3'이라고만 하시고 노동의 대가만 얻으라고 하시는 것 같다.

국민에게 정치는 무엇보다 중요하다. 또한 아무도 정치와 무관한 사람은 없다. 우리는 정치에 무관심할 수 없고 무관심해서도 안 된다. 국가와 국민을 위한 봉사임을 알고 정치를 해야 할 것이다. 정직은 최선의 정책임을 알고 많이 배우고 잘 배운 사람부터 정치에 적극적으로 참여해야 할 것이다. 양심이 있는 신앙인들부터 더 앞장서서 정치에 참여해야 한다고 생각된다. 우리나라 정치가 추잡하고 혼란이 거듭되는 것은 잘못된 정치인들의 편 가르기에 현혹되었기 때문이다. '옳고 그름에 상관없이 우리 편은 옳고 상대편은 틀리다'는 막무가내식 사고 때문이 아닌가 생각된다.

아름다운 정치의 실현으로 국민을
꿈꾸게 하고 기회의 나라로

– 1,000원의 기적으로 새로운 거대 정당 건설

　우리나라를 어떻게 하면 기회 균등한 나라, 억울한 사람이 없
는 나라, 꿈과 행복이 가득한 나라로 만들지 머리를 맞대어보자.
나는 개인적으로 수많은 시도와 노력을 해왔다. 병원에서 의사로,
도로를 청소하는 청소부로, 교육위원을 만드는 운동원으로, 학교
운영위원으로, 학부모회 회장으로, 교의로 참여했다. '사단법인 희
망교육'이라는 단체를 만들어 '가족과 함께하는 주말 봉사', '수화
학교' 및 '민주시민 지도자 육성 교육', '태안 앞바다 기름 유출 사
고 현장 봉사', '34년간 장학 사업', '청소년상담복지센터 운영' 등
을 많은 분들과 함께 시행해보았으며 〈주간교육과 생명〉 신문을
창간해 사회와 교육의 변화를 시도해보았다. 하지만 막대한 비용
소요와 엄청나게 많은 힘을 쏟은 것에 비해 성과는 적었다. 너무
힘이 들고 어려워서 장학사업을 제외하고는 〈주간교육과 생명〉은

폐간했고, 사단법인 희망교육은 정지 상태에 있다. 과거를 돌아보고 미래에 어떻게 해야 할 것인가를 생각해본다.

국회의원이 한 명이 있으면 기자회견 하고 법안을 발의해서 제도를 바꾸기가 쉽다. 우리가 재산을 털고 힘을 다해서 수십 년 노력한 것보다 정직한 국회의원 한 사람이 한 달 동안 더 많은 일을 할 수가 있다. 그래서 생각한 것이 정직한 정치다.

그런데 오늘날 우리나라의 정치는 혼돈 상태로 치닫고 있다. 2014년 9월, 더는 우리나라의 정치 위기를 방관할 수는 없었다. 새로운 정당을 창당해 기존 거대 정당을 이 땅에서 퇴출하자는 것이다. 우리나라 정치는 국회의원 300명 중의 절반인 150명이 바뀔지라도 기존 거대 정당이 존재하는 한, 바뀌지 않을 것이다. 거대 정당들은 거액의 공천비용(구의원 공천에 1억 원?)과 많은 선거비용 때문에 본전을 뽑으려면 도둑질과 이권에 개입하게 되기 때문이다.

이제 창당으로 양심 세력을 결집하는 것이 필요하다. 국회의원 지원 예산의 총액은 2,377억 6,200만 원, 세비는 연봉으로 1억 4,000만 원에 국회의원 한 명당 여덟 명의 보좌관, 운전기사 한 명 특권 챙기기에 바쁘고, 외국에는 없는 막대한 예산을 낭비한다. 그렇다고 일은 열심히 하는가? 상임위원장을 하면 매년 5,000만 원씩 영수증이 없이 사용할 수 있다. 그들은 나라가 힘들더라도 국민을 분열시켜 당선되는 데만 집중한다. 지역감정을 악화시키기 위해 허위사실을 유포시키기도 한다. 그래서 양심의 정치인 중 나의 친구인 박찬선 위원장과 함께 '좋은 원칙당'을 만들어 바람을 일으키려고 사람들을 모으고 찾아다녔다. 사람들을 만나서 설명하면 대부분 두 가지 질문을 했다. 첫째는 "당신, 돈이 많이 있어?", 둘째는 "당신은 좌·우 , 진보와 보수 어느 쪽인가?"였다. 일부는 내 뜻은 알겠지만, 워낙 정치하는 이들이 더러워서 거기에 가까이 가기 싫다고 했다. 하지만 욕만 하고 아무것도 하지 않으면, 다른 나라 사람들이 우리 정치를 바꾸어주겠는가? 더러운 정치인들이 하는 일은 우리의 삶을 결정하고, 우리의 세금을 운용해서 나라의 운명과 개인의 삶을 궁하게도, 부하게도 하는 것이 아닌가? 또 무관심으로 투표율이 낮아지면 질 낮은 사람들이 당선될 수 있다. 무관심은 자신의 돈을 도둑에게 맡기는 것이 아닌가?

나는 정치적으로 깨인 여러 훌륭한 분들을 찾아다녔다. 감리교 감독회장을 역임한 고수철 목사님은 오랫동안 나를 잘 알고 나와 같이 (사)희망교육과 (사)두드림자살예방중앙협회를 창립해 일하셨기에 선뜻 인천시당 위원장을 맡으셨다. 정년 퇴임한 교수는 두려움이 없겠다 싶어서 감리교신학대학 서○○ 교수를 찾아서 창당과 우리나라의 정치개혁을 통한 국가의 안정화로 이 땅에서 사는 의미를 가져보지 않겠느냐고 했다. 공감은 하나 정치는 참여하지 않겠다고 하셨다.

신앙인들이 예배 시간에 수시로 외우는 주기도문에 "뜻이 하늘에서 이루어진 것같이 땅에서도 이루어지이다"라는 문장이 있다.

'주기도문'에서 기도를 빼면 '주문'이 아니던가! 예수 믿는 사람들, 주문은 그만 외우자. 오늘날 거대한 공룡 교회들이여, 하나님의 뜻, 즉 모든 사람에게 기회가 균등하고 정의와 공의가 강같이 흘러 더불어 사랑하는 행복한 세상을 만들기 위해 행동하지 않는다면, 무슨 의미가 있겠는가. 우리는 왜 이 땅에 태어났으며 왜 기도할 때 예수님의 눈으로 보고 기도를 드리는가? 우리는 우연이 아니라 하늘에서 파견된 천사다. 참으로 귀하고 소명은 막중하다.

모든 사람은 소천하면 그때 우리의 주인은 "너는 그동안 무엇을 하다가 왔느냐?"고 물으실 것이다. "우리 식구끼리 잘 먹고 잘 살다가 왔다"고 할 것인가? "너는 앓고 있는 대한민국을 보고도 왜 외면했느냐?" 하시면 무어라 할 것인가? 경기도는 조성국 선생님께서 여러 당을 오가며 국회의원이 되기 위해 애써온 우○○ 씨를 소개해주셨다. 그분은 많은 정치인 밑에서 훈련된 사람으로 말은 잘하나 정치를 하는 목적이 국회의원이 되는 것이기에 그 후에도 여러 정당을 전전했다. 결국은 경기도 당 위원장을 80세가 넘으신 조성국 선생님께서 맡기로 하셨다.

서점에서 책을 사던 중, 내 시선을 사로잡은 한 권의 책이 있었다. 《행동으로 시작하라》의 심명숙 작가는 강릉에서 대학을 졸업하고 미술학원을 경영하는 원장으로서 '자기의 제자들을 일류 대학에 보내려면 자신이 일류를 졸업해야 확실한 꿈을 심을 수 있다'고 생각했다. 학원을 경영하면서 어린 아기를 남편이 맡아서 키우고 자신은 월요일에 비행기를 타고 서울에 와서 공부하다가 금요일에 강릉에 돌아갔다. 다른 사람은 생각지도 못한 일을 실행한 것이다. '바로 이 사람이다' 싶어 나는 너무나 반가웠다. 책을 사자마자 끝까지 읽었다. 인터넷에서 전화번호를 찾아서 전화를 걸었다. "나는 당신 책의 독자인데 참으로 훌륭한 작가님을 만나서 많은 것을 배우고 싶다"고 전한 후, 금요일 저녁 8시에 약속을 정했다.

금요일 진료가 끝나고 유홍서 회장과 함께 강릉을 향해 차를 몰았다. 내비게이션이 있어서 다행히 2시간 50분 조금 더 걸려서 강릉에 도착했다. 눈앞에 바다가 보이는 좋은 음식점을 예약해놓고 기다리고 계셨다. 리플렛과 입당원서를 꺼내면서 국가의 어려움과 창당의 필요성을 최대한 짧게 설명했다. 그러나 이분 역시 정치에 관심이 없고 자신이 그토록 어렵게 이룬 것을 잃고 싶지 않은 것 같았다. 모든 사람이 자신의 희망을 앗아갈까 봐 국정원의 민간인 사찰을 두려워한다. 거대 정당 사람들도 구여권의 선거에 불리하면 거짓증인을 세워 범죄자로 만들어 빠져나올 수 없게 한다.

뽀빠이 이상용 씨가 김영삼 정부 시절 국회의원 출마 권유에 정치를 안 한다고 거절하자 지금까지 수많은 심장병환자를 해방시켜온 심장재단에서 횡령했다고 죄를 씌워서 교도소에 보낸 것도 한 예다. 나는 내가 사랑하는 조국을 바로 세우는 것을 사명으로 생각하기에 두렵지 않다. 나와 같은 사명으로 생각하는 분이 열두 명만 더 있으면 좋으련만!

나는 오랫동안 일기를 써 왔다. 어느 날 점심 식사를 위해 집에 가는데 1층에서 전화 보수공 옷을 입은 사람들이 전화 단자에

손대고 있었다. 아내에게 알아보니 전화국을 부른 적이 없다고 한다. 그 이후 간혹 감청하는 이상한 감을 느끼게 되었다. 나는 정당인이 아니었지만 우리 아버님께서 자유당 시절부터 정권교체에 열성이셔서 나와 동일시한 것이다. 그래서 일기 쓰기를 중단했다.

역사상 터무니없는 4대 사건이 있기에 나는 확신을 가지고 내 생명이 다할 때까지 하나님 나라를 건설 중이다. 만약 오늘날 칭기즈칸(Chingiz Khan)이 "내가 열세 명으로 나라를 세웠고, 역사상 가장 큰 제국을 만들려는데 나와 동지가 되어 영광을 보겠는가?" 한다면, 예수님이 "내가 제자와 함께 열세 명이 이 땅에 하나님의 나라를 건설할 것인데 동참하겠는가?"라고 말씀하신다면, 이순신 장군이 "이제 우리나라에 남아 있는 열세 척의 배로 300척의 왜군을 물리치려는데 가능하겠는가?" 한다면, 프랑스의 마크롱 혁명이 시도될 때 당신은 미래에 나타날 역사에 대해 확신할 수 있었겠는가? 그러나 주변 사람들은 그들을 따라 동지가 되었고 그 터무니없던 계획은 현실이 되었다.

바라는 것이 비록 어려워 보여도 선한 목적을 가지고 마음을 모아 동지가 되고 꾸준히 노력하면 반드시 이루어질 것으로 확신한다. 신라 시대에 서동요로 민심을 잡은 것처럼 우리는 노래를 불러 대중들을 일깨우도록 〈깨끗한 세상〉이라는 노래를 제작해 유튜브에 올리고 시디를 만들어 나누어주었다. 또 당가를 만들었다. 우리의 창당 동지는 여섯 명이지만 안 될 것 같은 일도 되게 했다. 62세에 KFC를 시작한 센더스는 997번의 실패 끝에 성공한 것이다.

박찬선 친구가 민주당 전당대회에서 정족수 미달을 지적해 고발했고, 전국 민주당 지역위원장 86명이 서초갑구의 박 위원장의 옳은 편에 동참했기에 나는 희망을 가지고 그 어려운 창당 작업을 시작할 수 있었다. 이렇게 열심히 노력하고 있는 중에 총선이 다가왔고 창당을 완성하지 못했다. 못내 아쉬웠지만, 창당 작업을 잠시 쉬게 되었다. 그렇다고 창당을 완전히 접은 것은 아니다. 기회가 있는 대로 훌륭한 분들을 소개받으면 그분들과 교분을 나누고 있다.

6월에 로힝야 2차 봉사에서 부산 고신대학교 문화선교학 교수를 만나 2차 창당의 불씨를 살렸다. 태국에서 방글라데시 가는 비행기를 타기 위해 9시간 기다리는 중에 이병수 교수와 자신이 부산시 교육감 선거에 출마했던 이야기를 하며 정치가 바뀌어야 모든 것이 바뀐다는 데 의견의 일치를 보았다. 활동적으로 뛰어다니면서 정치에 관심 있는 목사, 교수, 힘이 있는 사람들을 소개받고 교분을 나누었다. 열심히 기도드렸지만 하나님은 침묵하셨다. 활동가가 필요한 상황이다. 내게 열두 명만 주신다면 대업을 이룰 수 있을 텐데, 어찌 그리 나서는 사람이 없을까? 내가 설득력이 없는 것일까? 이병수 교수가 여러 유력한 분을 모아 만나자고 해서 유 회장과 함께 부산까지 찾아가서 만났다. 강 교수, 이 교수, 김남훈 원장, 고영미 집사, 나야또록(다문화 때표인 인도 목사)과 최연이 내외를 만났다. 이분들은 이 교수와 함께 다문화 사업에 관심을 가지고 일하는 분들이며 적극적인 후원자로 훌륭한 분들이다.

2019년 10월 박찬선, 정종수와 나를 주축으로 창당을 시작했다. 지난번에는 주민등록번호를 쓰도록 거대 정당이 선거법을 고쳐놓았으나 재개정되어 생년월일만 써도 되게 한 것이다. 그 전에 비하면 많이 쉬워졌다. 당명은 '국민희망'으로 하기로 하고 의과대학 관악 동문들이 도움을 주어 어렵게 창당동의서 230부를 받아 210부를 제출했다. 좋은 이름이니 다른 정당에서 먼저 신청하면 안 되겠기에 빨리 선거관리위원회에 제출하려 했으나 뜻하지 않게 7일이 지난 후에야 제출했다. 선거관리위원회 접수를 마치고 돌아오고 있는 동안에 선관위에서 전화가 왔다. 기존 정당에서 1일 전에 '국민희망당'으로 개명신청이 들어왔기에 무효이니 다시 개명된 당명으로 동의서를 받아오라는 것이다. 이 소식을 전해 듣자즉시 '국민의힘당'이 떠올라 함께하는 분들에게 상의해 '국민의힘당' 창당준비위원회 등록증을 받았다.

2020년 1월 30일, 저녁 식사를 하면서 전용욱과 신승관 님께 창당에 대해서 설명했더니 적극적으로 돕겠다고 했다. 이때부터 그들과 함께 일을 시작하게 되었다. 신승관 님은 어려운 가운데도 350명이나 성실하게 받아주셨다. 이용쇠 님은 수술하고 어려운 가운데서 150명의 입당원서를 받아주셨다. 이용쇠 님은 익산에 사시는 장애가 있고 고통스러운 가운데도 전라북도와 충청남도의 노인정을 비롯한 수많은 기관을 찾아다니며 하모니카 연주로 많은 분들을 기쁘게 하고 소망을 전하시는 분이다. 나의 마음을 이해해주는 분들이 있어서 참 다행이다.

창당 과정에서 어떤 분들은 속여서 활동비 선불을 받고 세 가지 문제를 일으켰다. 첫째는 계속 돈을 요구하는 것이고, 둘째는 입당원서는 들어오는데 날짜가 잘 맞지 않았다. 더 큰 문제는 입당원서를 받아 입력해보니 한 사람이 다섯 명씩으로 부풀려진 것이 드러났다. 돈을 많이 받기 위해 엉터리로 한 것이다. 교통사고가 났다고 한다. 나는 미심쩍기는 해도 목사라 해서 믿고 돈을 보냈다. 속는 줄 알면서도 빨리 창당할 목적으로 돈을 보낸 것이다. 박 위원장은 정치판에 오래 활동했기에 사람을 잘 구분했다. 오늘까지도 갚겠다고 서약서까지 쓰고 양심을 속이는 사람들이 있다. 또 자녀의 학자금을 내기 어려운 사람도 모두 한 부류다. 그야말로 속으면서도 우리는 최선을 다해서 노력했다.

광주 지부장은 10일 만에 1,100명을 받아왔다. 당사자는 입이 부르트고 온 가족이 사명감을 가지고 전력을 다해 도와서 그렇게 이룬 것이다. 실로 주변 많은 분들께서 감동과 힘을 주었다. 서울에서도 어떤 분은 300매, 200매, 150매 등 최선을 다해 1,000명 이상의 입당원서를 완성했다. 광주의 노오영 사촌 매형도 최선을 다해 150매를 받아왔다. 박회장 후배도 서울에서 350매를 받아오고 정형근 외종형도 어려운 상황 속에서 조금씩 받아주셨다. 전남 지부장 김익만도 열심히 받아왔다. 전남과 전북은 워낙 민주당이 세고 방해꾼도 있다. 나는 항상 독립운동을 하신 선열들을 생각하면서 썩고 병든 정치를 고쳐서 심각한 위기에 빠질 수 있는 나라를 건지는 데 '이 정도 망신당하고 어려움을 당하는 것은 힘든 것도 아니다'라는 생각을 했다. 정당을 창당한다는 말을 듣고 장영 선생으로부터 오랫동안 우리나라의 개혁을 위해 애쓰신 경실련의 나태균 선생님을 소개받았다. 순수하고 열정이 있는 귀하신 분이었다.

정당 창당을 위해 많은 분들과 머리를 맞댔다. 그중에 현 정부의 통일 교과서를 쓴 최양근 박사와 이야기를 나누었다. 공약을 '한반도 중립화' 평화가 정착하도록 하면 어떻겠는지 물었더니 최 박사가 건국대학교 정치학부 윤태룡 교수를 소개했다. 윤태룡 교수는 학교에 바쁜 일 때문에 창당에 참여할 수가 없다고, '중립국통일학회' 회장을 역임하신 강종일 박사님을 소개했다. 강 박사님은 인자하실 뿐만 아니라 열정적이며 진정으로 나라를 사랑하시는 훌륭한 분이셨다. 좋은 뜻을 가진 창당에 적극적인 협조를 약속하셨다.

강 박사님께서 잘되어가는지 물어보시고 "다른 정당과 합당하면 어떻겠느냐?"고 하셔서 두 가지 이유를 들어 조심스럽게 사양했다. 창당이 잘될 것으로 믿고, 첫째는 구시대 정치인이 들어 있으면 새 정치 바람을 일으킬 수가 없고, 둘째는 창당이 완성된 다음에 합당해야 영향력이 높아진다고 이야기했다. 이때 합했으면 한 자리는 차지했을 것이다. 2020년 1월 20일 코로나19의 유행으로 전 세계적으로 완전한 통제가 이루어지기까지 할 수 있는 한 열심히 창당 작업을 계속했다.

정부가 교회 및 모든 모임을 중단시키자 우리의 창당 작업도 중단되었다. 정부는 총선을 그대로 치르겠다고 하며 코로나19는 수그러질 기미가 없다. 창당을 위해 많은 돈을 투자했으나 물거품이 된 듯하지만, 규제가 풀리면 창당을 계속하기로 했다. 거액의 공천 헌금과 선거 비용을 투자해 이권을 챙길 불순한 자들만 국회에 들어갈 것을 생각하니 서글프기도 하고 가슴이 아프다.

그러던 중, 세 개의 당이 연합한 민생당에서 박찬선 서초갑구 위원장을 통해서 같이 총선에 출마해보지 않겠느냐는 권유가 들어왔다. 특권만 챙기고 일하지 않는 국회의원만 들어가는 것보다 한 줌의 소금이 되려고 승낙했다. 박 위원장의 오토바이를 함께 타고 2시간 동안 공천에 필요한 서류를 떼고 다음 날 찾아 오후 늦게 민생당에 접수해 서초을구에 공천을 받았다. 상식적으로 생각하면 그동안에 터를 다진 것도 아니고 여·야 현역 의원이 두 사람이나 출마한 곳에 갑자기 출마해서 당선이 안 될 것이 확실하나 여론조사에서 무당층이 60%이고, 국민이 거대 여당과 야당에 강한 혐오감을 느끼는 한편, 코로나19에 나의 의사 직업이 호감을 얻을 것으로 생각되어 출마하게 된 것이다.

그렇지만 전국이 거대 여당과 야당, 조국과 반조국의 극단적인 대립을 하고 있어서 표가 양분되어 180석의 거대 여당이 탄생하고, 민생당은 유명한 현역 의원들도 모두 낙선하게 되었다. 불행하게도 매주 시위가 열리던 그 격전지가 나의 지역구인 서초을구에 있는 법원 앞 거리였다.

거대 여야가 첨예하게 대립하고 있는 우리나라의 정치가 새로워지려면, 제3세력이 필요하다는 것은 모두가 공감한다. 누가 불씨를 일으키겠는가? 정신이 똑바르고 나라를 사랑하는 사람들이 일어나야 한다. 정치적으로 힘이 없어 교과서대로 진료하지 못하는 의사들이 나서야 한다. 힘없는 서민, 집이 없어 고통당하는 자, 여성들이 나서야 한다. 모든 문제를 가진 당사자들이 매월 1,000원의 당비를 내는 당원이 되면 반드시 역사적인 일이 이루어질 것이다. 아름다운 정치를 통해 기회균등하고 희망이 가득하며 억울한 사람이 없는 행복한 나라가 되길 간절히 바란다.

나는 행복한 내과 의사입니다

제1판 1쇄 | 2021년 3월 18일

지은이 | 이정호
펴낸이 | 손희식
펴낸곳 | 한국경제신문*i*
기획제작 | (주)두드림미디어
책임편집 | 최윤경   디자인 | 얼앤똘비악earl_tolbiac@naver.com

주소 | 서울특별시 중구 청파로 463
기획출판팀 | 02-333-3577
E-mail | dodreamedia@naver.com
등록 | 제 2-315(1967. 5. 15)

ISBN 978-89-475-4697-3 (03190)

**책 내용에 관한 궁금증은 표지 앞날개에 있는 저자의 이메일이나
저자의 각종 SNS 연락처로 문의해주시길 바랍니다.**

책값은 뒤표지에 있습니다.
잘못 만들어진 책은 구입처에서 바꿔드립니다.